中公新書 2601

石原比伊呂著

北朝の天皇

「室町幕府に翻弄された皇統」の実像

中央公論新社刊

はじめに

日本の歴史において、一三〇〇年代半ばから後半にかけての六〇年ほどの期間のことを、「南北朝時代」と呼ぶ。なぜ「南北朝」とされるかといえば、それは、「南」にも「北」にも「朝」があったからである。この場合、「南」は吉野《よしの》（現在の奈良県南部）、「北」が京都、そして「朝」は朝廷のことである。朝廷とは天皇を長とする伝統的な中央政府のこと。つまり、この時代は二つの朝廷、二つの天皇家が吉野（やがて吉野近くの賀名生《あのう》に移動）と京都に並立していた。それゆえ南北朝時代と呼ぶのである（厳密には、南北朝時代のほとんどの時期は室《むろ》町《まち》時代に包摂され、学界の通例では室町時代を三分割して「南北朝期」「室町期」「戦国期」と呼ぶ）。

さて、本書で詳しく説明するように、天皇家が分裂状態に陥ることは、歴史上、さほど珍しいことではない。にもかかわらず、なぜ、この時代だけ、天皇家の二分裂が強調されるのか。学問的な説明を求められるのであれば、「天皇家が分裂しても、廷臣や政府（行政機構、司法機関）までもが物理的な距離をもって分裂併存することは、他の時代にはなかったから」というふうに回答できなくもないが、それよりも、南朝の人気が高いがゆえに、この時期の分裂状況が強調されるのではないかとも思われる。

研究者にも少なからず南朝贔屓《びいき》はいるが、一般の歴史ファンは、とにかく南朝が好きである。南朝についての正確な説明は、亀田俊和《としたか》氏の著作（『南朝の真実』など）に譲りたいが、筆者の個人的な印象では、南朝に人気がある理由は、大きく三つあるように思う。

まず一つ目は、その悲劇性である。南朝は短期間で実質的に消滅した。そして、吉野の山奥から散り散りになった皇子たちについては、わずかな痕跡《こんせき》が残る一方で、詳しい行く末がわからない。ゆえに「悲劇の主人公である南朝の皇子たちは、どこかで捲土重来《けんどちょうらい》を期していた。そして、現在もどこかでその子孫は生き延びているのではないか」というロマンあふれる想像がしやすい。それが日本人の判官贔屓《ほうがんびいき》を刺激するのであろう。

もう一つは、「南北朝正閏論《せいじゅんろん》」と呼ばれる問題の影響である。かつて、大日本帝国の時代、南朝と北朝のどちらが正しい方（「正」）で、どちらが正しくない方（「閏」）かが、政治的事項として議会で争われた。そもそも学問とは無関係の政治問題に利用されただけであり、思想信条（＝主観）をめぐる争いなので、客観的事実の追求を是とする戦後歴史学では「そんなことは、どうでもよい」というスタンスで一貫しているし、本書もそのようなものとして南朝と北朝を扱うが、ともあれ、南北朝正閏論問題では南朝が「正」とされた。

結果、南朝に仕えた配下たちには「忠臣」、逆に南朝に背いた足利尊氏《あしかがたかうじ》などには「逆賊」というレッテルが貼《は》られることとなり、北朝は「逆賊に担がれた皇族」という位置づけとなった。そのような価値観自体は江戸時代の水戸学《みとがく》以来の伝統でもあるのだが、ともあれ、太平洋戦争下の軍国教育においては、南朝に仕えた楠木正成《くすのきまさしげ》などの「忠臣」たちが、これでもかとばかりに美化された。そうやって美化された「忠臣」たちの存在も、南朝人気の理由の一つかと思われる。

ただ、南北朝正閏論問題には、非常にややこしい要素があった。それは、血統上、現在に至る天皇家の祖先は北朝であるという事実である。いくら南朝を「正」としたところで、さすがに天皇家の血統上の先祖を悪《あ》し様《ざま》に言うことはできない。ゆえに、軍国教育においては、南朝に背いた足利尊氏（と、その配下たち）を悪者に仕立て上げることで、北朝の存在が棚上げ状態にされたような感もある。そして、そうやって「正義は南朝、足利尊氏は悪者」という構図が広く浸透するなか、現在に至るまで、北朝天皇家に対する印象は、研究者を含めて、「よくわからない」というものになっているのだと思う。

さて、話を戻して、南朝に人気がある理由の三つ目であるが、それは後醍醐《ごだいご》天皇の個性にあるように思う。後醍醐といえば、天皇親政《しんせい》の理想を掲げ、その実現のために人生を懸けた天皇という印象も強いだろう。この「人生を賭《と》して理想を追求する」という響きは、なかなかイメージが良い。後醍醐は高邁《こうまい》な理念を掲げて、もはや歴史的役割を終えていた旧勢力（鎌倉幕府）を打破したが、その高すぎる理想はめまぐるしく転変する現実に対応できず、時代の風に乗った成り上がり者（足利尊氏）に敗れ去った。忠臣たちは、主人の高邁な理念実現のために殉じ、皇子たちは悲劇的でミステリアスな末路を辿《たど》る。しかも、それは実質一〇年ほどの短期間のうちの出来事であった。鮮やかに咲き誇り、そしてはかなく散った南朝の歴史は、源　義経《みなもとのよしつね》に同情し、桜の花をこよなく愛する日本人の心性を、見事なまでに刺激する。

そして、「それに比べて北朝は……」という話である。南朝が心情的に日本人の哀愁を誘う以上、その敵役（ヒール）は、その時点であまり好印象を抱かれない。しかも、敵役としての存在感も、自らを担ぎ上げた足利家に独占されてしまっている。結果、日本人にとって北朝天皇家の印象とは、「よくわからない」ということになってしまうのである。

ただ、繰り返しになるが、現在に至る天皇家の先祖は北朝なのである。明確な理念を掲げ、強烈な存在感で時代を駆け抜けた後醍醐率いる南朝ははかなくも消え去り、いまひとつ影の薄い北朝が生き残った。一見、「なんて皮肉な……」とも思えるが、よくよく考えてみれば、「理想（＝能書き）を語って大風呂敷《おおぶろしき》を広げていたA氏はいつの間にか人前から姿を消してしまい、ずっとその場で踏ん張り続けたのは地味でキャラの立たないB氏だった」というのは、現代でも往々にしてありがちな構図のような気もする。A氏（＝南朝）の方が、一瞬のキラキラはあるのかもしれないが、持続的な生命力を発揮するのはB氏（＝北朝）だったりするのである。

結論を先に述べれば、おそらく北朝天皇家に、（現代人から見て）高邁な理想を追求し、それを実践に移した人物はいない（わがままを実践に移そうとした人物はいる）。しかし、それがゆえに、中世という時代を泳ぎ切れたのである。本書では、そのような中世天皇家の生命力を描写していきたいと思う。

目次

第二章 天皇家と足利将軍家の邂逅 ——南北朝時代前後 39

第三章　後光厳院流と崇光院流
——室町時代前期

第四章　天皇家を支える将軍たち
——室町時代中期

第五章　儀礼的昵懇関係とその裏側
――室町時代後期

第六章　生き残る天皇家
——戦国時代　197

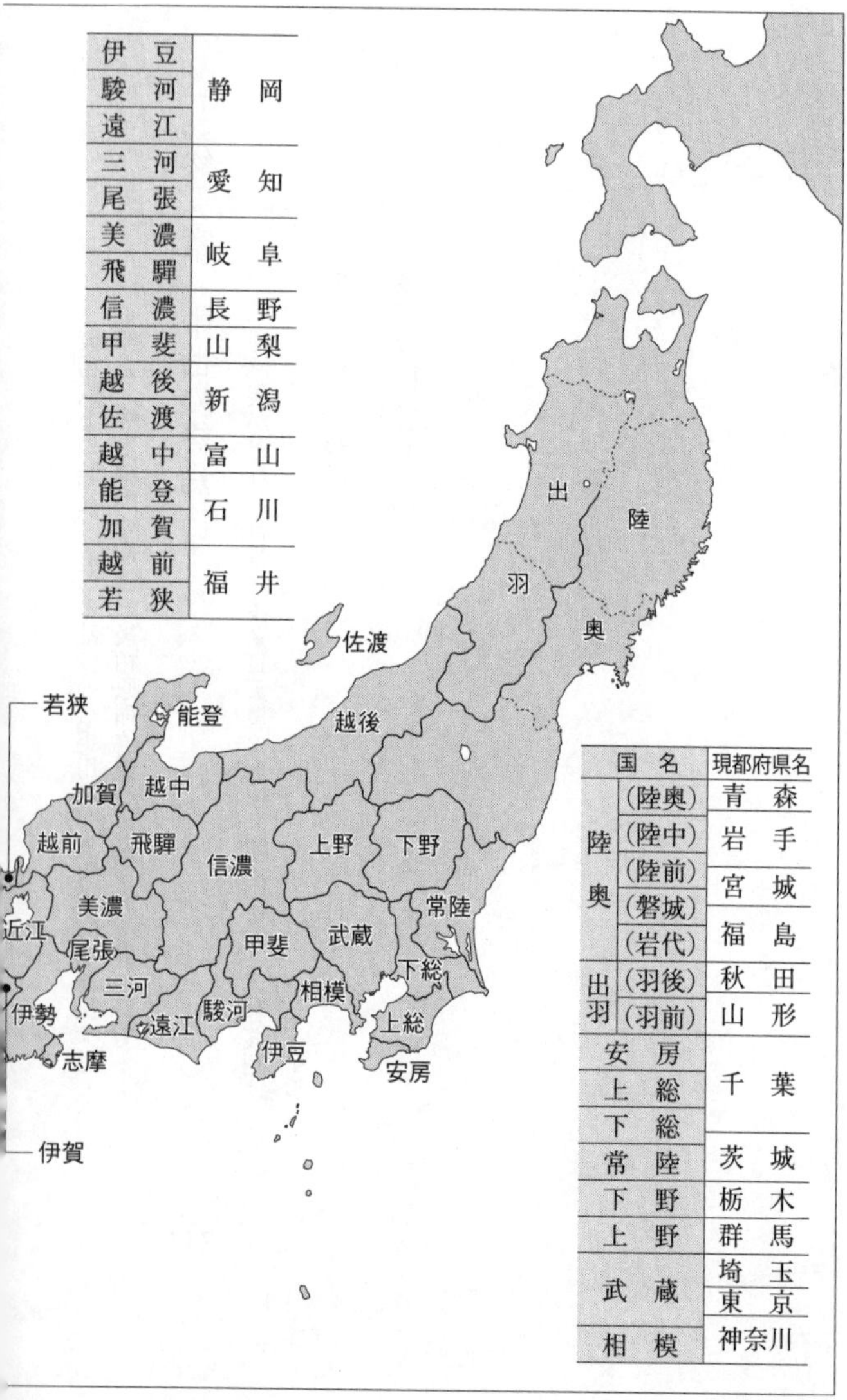

伊豆	静岡
駿河	
遠江	
三河	愛知
尾張	
美濃	岐阜
飛騨	
信濃	長野
甲斐	山梨
越後	新潟
佐渡	
越中	富山
能登	石川
加賀	
越前	福井
若狭	

国名		現都府県名
陸奥	(陸奥)	青森
	(陸中)	岩手
	(陸前)	宮城
	(磐城)	福島
	(岩代)	
出羽	(羽後)	秋田
	(羽前)	山形
安房		千葉
上総		
下総		
常陸		茨城
下野		栃木
上野		群馬
武蔵		埼玉
		東京
相模		神奈川

筑前	福岡
筑後	
豊前	
豊後	大分
日向	宮崎
大隅	鹿児島
薩摩	
肥後	熊本
肥前	佐賀
壱岐	長崎
対馬	

阿波	徳島
土佐	高知
伊予	愛媛
讃岐	香川
備前	岡山
美作	
備中	
備後	広島
安芸	
周防	山口
長門	
石見	島根
出雲	
隠岐	
伯耆	鳥取
因幡	

近江	滋賀
山城	京都
丹後	
丹波	
但馬	兵庫
播磨	
淡路	
摂津	
和泉	大阪
河内	
大和	奈良
伊賀	三重
伊勢	
志摩	
紀伊	和歌山

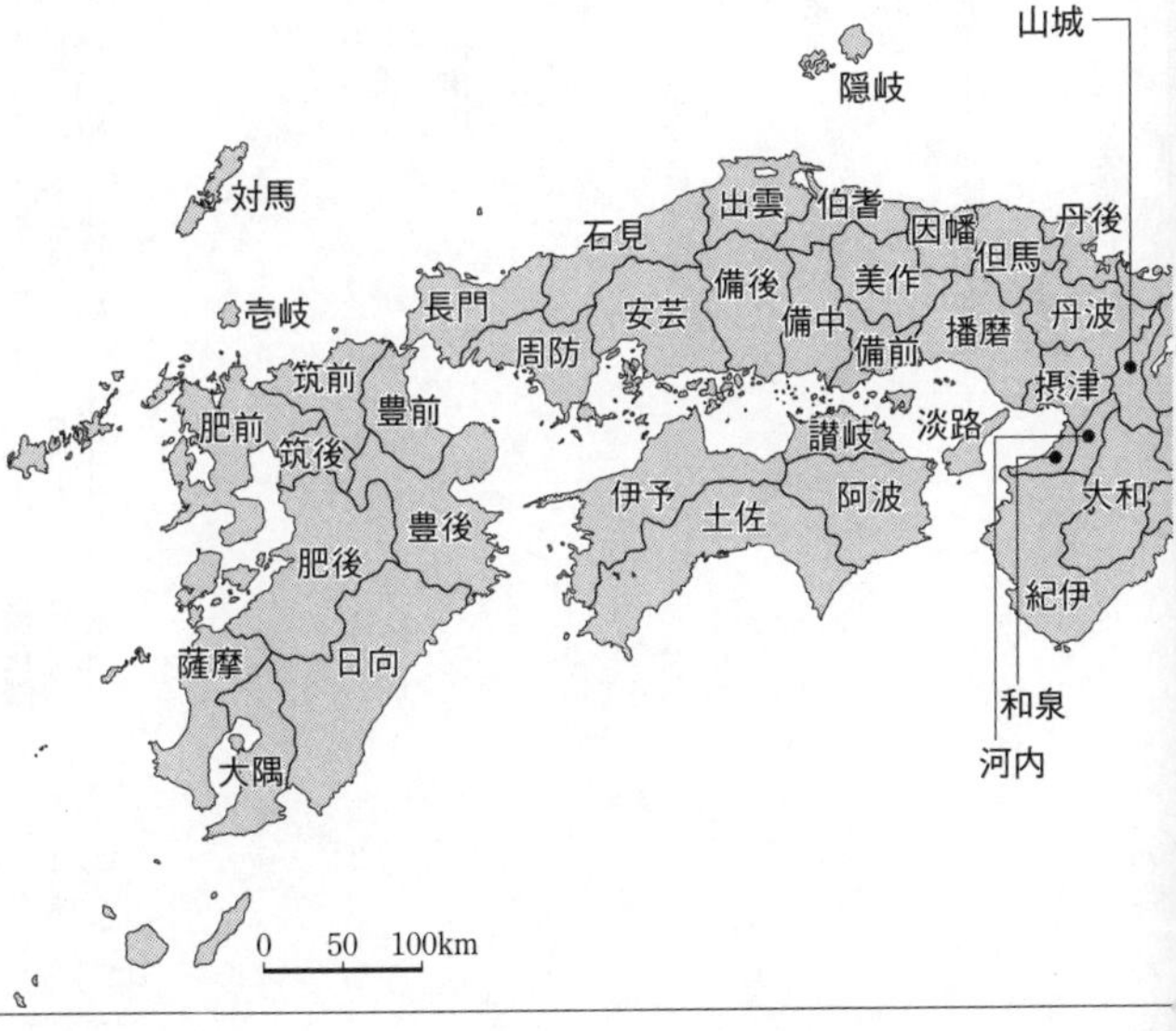

天皇家略系図①（数字は皇位継承の順序）

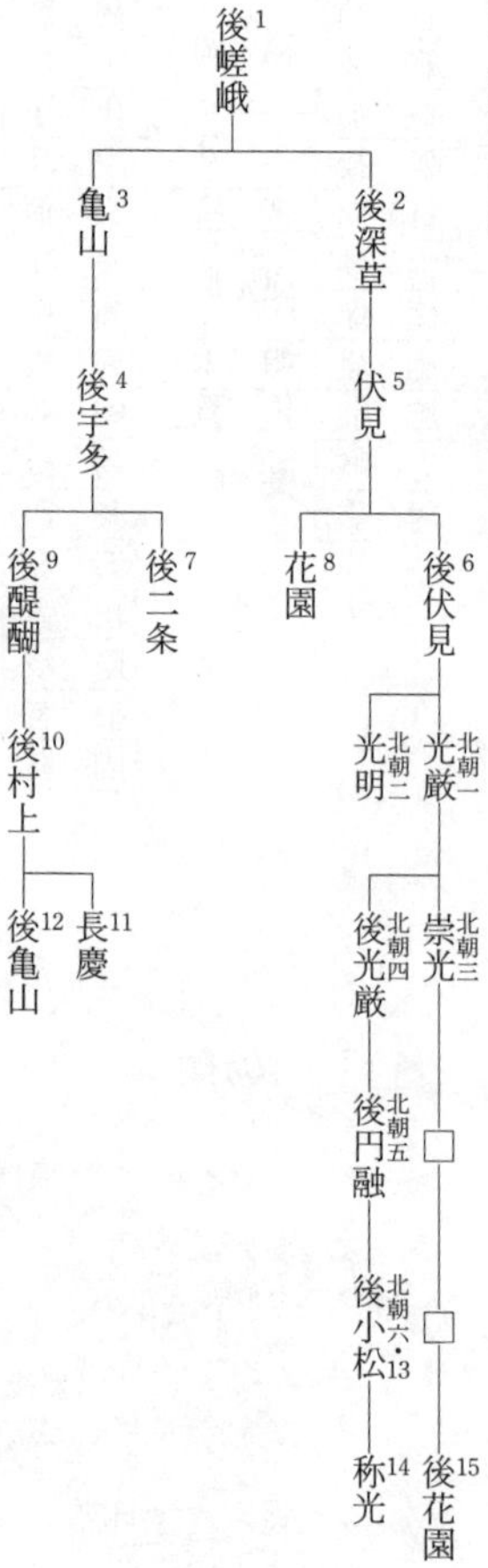

足利将軍家略系図①（数字は将軍職の代数）

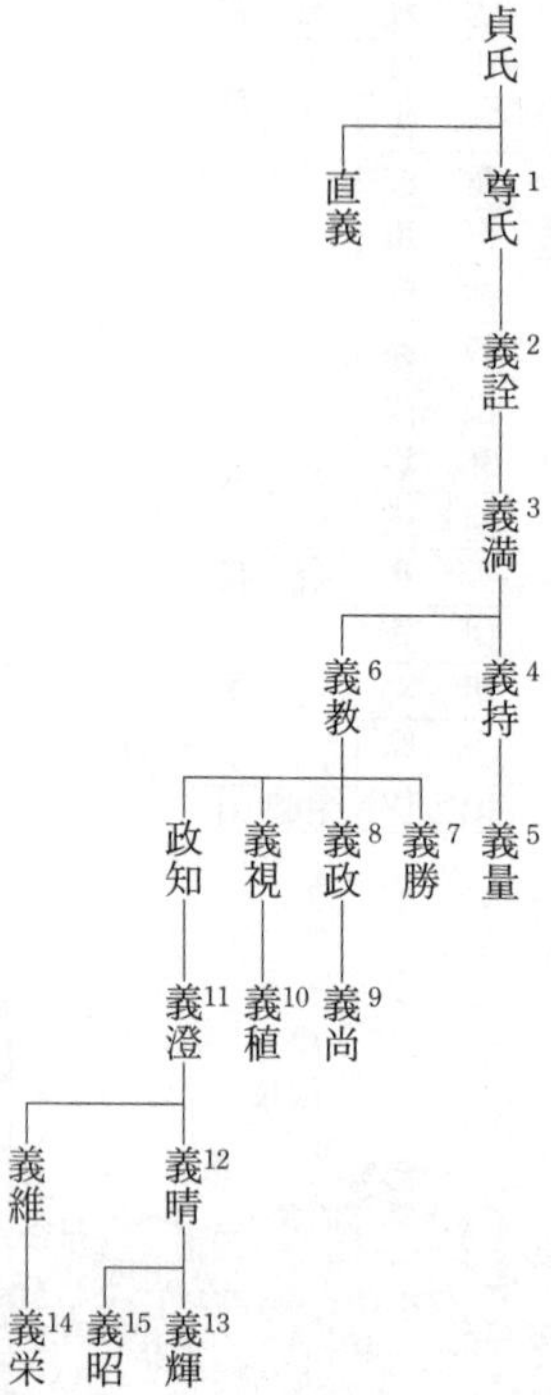

北朝の天皇

序章　戦国時代の天皇即位儀と将軍

源氏長者について

永正《えいしょう》一六年（一五一九）の九月、時の室町幕府将軍足利義稙《あしかがよしたね》は、源氏長者《げんじちょうじゃ》に補任《ぶにん》された（同時に淳和《じゅんな》・奨学院《しょうがくいん》の別当《べっとう》にも補任されているが、煩瑣《はんさ》になるので源氏長者に代表させる）。源氏長者とは源氏の氏長者《うじのちょうじゃ》のことで、氏長者とは簡単に説明すれば、藤原氏なら藤原氏、平氏なら平氏で一番偉い人（名目上の統率者）のことであるが、このときの源氏長者就任には、少し異例なところがあって、研究史上、その異例さに触れられることもあった。

何が異例であったかというと、当然ながら本来なら源氏長者は源氏第一の公卿《くぎょう》（六八頁参照）が任じられる原則だったのに、当時の義稙は源氏第一の公卿ではなかったからである。

一口に源氏といっても、源頼朝《みなもとのよりとも》の子孫や足利家などの武家源氏に限らず、公家《くげ》社会で高位を得る一門も源氏には含まれており、このときは久我通言《こがみちとき》（村上《むらかみ》源氏）が源氏の最高位にあった。にもかかわらず、義稙が源氏長者に就任したのである。果たして、この出来事の背景には、どのような事情が存在するのであろうか。

登場人物を整理しておこう。まず源氏長者に就任した足利義稙は、延徳《えんとく》二年（一四九〇）一〇代将軍となった。その時点では義材《よしき》という初名を名乗っていたのだが、やがて明応《めいおう》の政変と呼ばれるクーデター（二三七〜二三八頁参照）に巻き込まれ追放されるものの、永正五年（一五〇八）に復活を遂げ、将軍に再任した人物である。再任後、名前を義稙と改めた。

一方、公家社会の頂点にあったのは、後柏原《ごかしわばら》天皇である。後柏原天皇は後土御門《ごつちみかど》天皇の第一皇子として第一〇四代天皇となった人物で、明応九年（一五〇〇）に践祚《せんそ》を遂げ、大永《たいえい》六年（一五二六）に崩御した。

足利将軍家と源氏長者

源氏長者をめぐる足利義稙と後柏原天皇のやりとりには、室町期の将軍家と天皇家との関係や、北朝天皇家なる一族の性格を考えるヒントが隠されているのだが、それに関連して、足利将軍家と源氏長者の関係性についても触れておこう。実は、足利将軍家の家長が源氏長者に就任することは、珍しいことでもなんでもない。また、源氏第一の公卿でなくとも源氏長者に就任するという事例についても、義稙の先代である義尚《よしひさ》の先例があった。室町幕府九代将軍の足利義尚は文明《ぶんめい》一五年（一四八三）一二月に、同じ源氏で位階上は最上位にあたる庭田《にわた》雅行《まさゆき》をさしおいて源氏長者に就任している。その背景には、自らの昇進のありようを義尚にも継承させようとする、父足利義政《よしまさ》（八代将軍）の強い意向があったとされている。義尚は足利家の通例によって源氏長者に就任したのである。

次に、足利義稙から見て従弟《いとこ》の子にあたる義晴《よしはる》（一二代将軍）の事例にも言及しよう。足利義晴は天文《てんぶん》五年（一五三六）の二月に後奈良《ごなら》天皇（後柏原天皇の子）から源氏長者就任を打診された。なぜ後奈良天皇は義晴に源氏長者就任を打診したのであろうか。その理由を考えるポイントは、後奈良天皇が義晴に対して、源氏長者就任と同時に、内裏《だいり》（天皇の住まいで、禁裏《きんり》ともいう）の掃除と警固《けいご》を依頼した点にある。

足利将軍家略系図②（数字は将軍職の代数）

- 義教6
  - 義勝7
  - 義政8 ― 義尚9
  - 義視 ― **義稙**10
  - 政知 ― 義澄11 ― 義晴12

内裏の掃除といっても、別に後奈良は義晴手ずから箒《ほうき》と塵取《ちりと》りを持って、日常的な清掃行為を実行するよう期待したわけでは、もちろんない。それでは同時に警固を依頼したことの意味がわからない。「掃除」と「警固」がセットで義晴に要請されたのは、直後に後奈良本人の即位儀が控えていたからである。室町期の天皇即位儀において警固は足利将軍家（室町幕府）が担っていたし、即位儀が挙行できるよう、内裏などの諸施設にメンテナンスを加えることも、その費用負担を武家が担うことも通例となっていた。「掃除」とは、「修繕」や「改築」「新調」も含めて「内裏をピカピカにすること」を意味した。

それに関連しての源氏長者就任なのだから、義晴は天皇即位との関わりで源氏長者に就任したといえるだろう。つまり、即位儀の挙行と将軍の源氏長者就任には連関性があったのであり、それらの事情も含めて、足利将軍家には源氏長者について固有の先例・慣習が形成されていたと考えられそうである。

後柏原天皇の狙い

話を足利義稙の源氏長者就任に戻そう。そもそも義稙の源氏長者就任を望んだのは誰《だれ》なのか、言い出しっぺは誰なのかを確認すると、それは義稙が自身の昇進を要求したのではなく、後柏原天皇側のアプローチであることが明確である。具体的には、後柏原は「源氏長者に就任した上で、源氏爵《げんじしゃく》の申文《もうしぶみ》提出をしてほしい」と義稙に催促した。源氏爵について説明すると、源平藤橘《げんぺいとうきつ》など各氏の氏長者は、自らが属する氏の人物の叙爵《じょしゃく》（従五位《じゅごい》を授けられること）を推薦する権利を持っていた（その推薦が却下される可能性は現実的にない）。後柏原は足利義政の佳例（めでたい先例）に基づき、足利将軍による源氏爵の中文提出を望んでおり、そこからの逆算として義稙の源氏長者就任を持ちかけたのである。義稙が源氏長者に就任したのは義稙自身がそれを望んだのではなく、後柏原天皇から求めを受けたためで、義稙は受け身の立場にあった。

では、なぜ後柏原は義稙による源氏爵の中文提出にこだわったのだろうか。それは、当時の朝廷を取り巻く環境にあった。応仁《おうにん》の乱（一四六七〜七七年）の影響をもろに受け、朝廷儀礼はすっかり威儀を失っていた。そのような現実を前に、後柏原は朝儀を復興すべく懸命に努力しており、そのために参照とされたのが応仁の乱前の先例である。即位儀については、父後土御門天皇の即位儀を再現させるべく努力したのだが、後土御門即位儀においては足利義政によって源氏爵の中文が提出されていたのである。それゆえ後柏原は、名目に過ぎないとはいえ、足利将軍の朝儀への参画を図り、義稙に源氏爵の中文を提出させようとしたのである。すなわち、義稙の源氏長者就任とは後柏原による朝儀復興への模索の一環であったといえる。

以上、末柄《すえがら》豊氏の論考を紹介するかたちで後柏原天皇と足利義稙に関する事例を紹介した。なぜならば、このような天皇と将軍の関係性とは、北朝天皇家が有した性格そのものだからである。本書では、なぜこの事例が北朝天皇家が有した性格そのものであるかを、北朝天皇家の歴史を振り返りながら解き明かしていこうと思う。

なお、本書で「北朝天皇家」の語を用いるのは原則として一三三〇年代後半から一三九〇年代で、他の時期においては原則的に、単に「天皇家」あるいは「○○（皇）統」「××流」などと記す。ただし、文脈上、その原則から外れることもある。

第一章　分裂する皇統

——鎌倉時代

1　両統迭立

承久の乱と皇統の分裂

本書は北朝天皇家を扱うものである。「北朝」天皇家と表現するのは、「南朝」天皇家も存在したからである。それゆえ日本の歴史において、一四世紀後半のことを「南北朝時代」と称するのだが、このように天皇家が複数の流れに分裂する状況は、日本史上、さほど珍しいことではない。特に中世においては、それが顕著で、端緒は承久《じょうきゅう》の乱にある。

古代においても壬申《じんしん》の乱（六七二年）後に天智《てんじ》系と天武《てんむ》系に分裂したりするなど、不断に皇統は分裂していたのだが、より大きな分裂は、保元《ほうげん》の乱（一一五六年）で後白河《ごしらかわ》天皇と崇《す》徳《とく》上皇が対決したように、院政《いんせい》期における皇統の混乱である。当時は「治天《ちてん》の君《きみ》」（天皇家

天皇家略系図②（数字は皇位継承の順序）

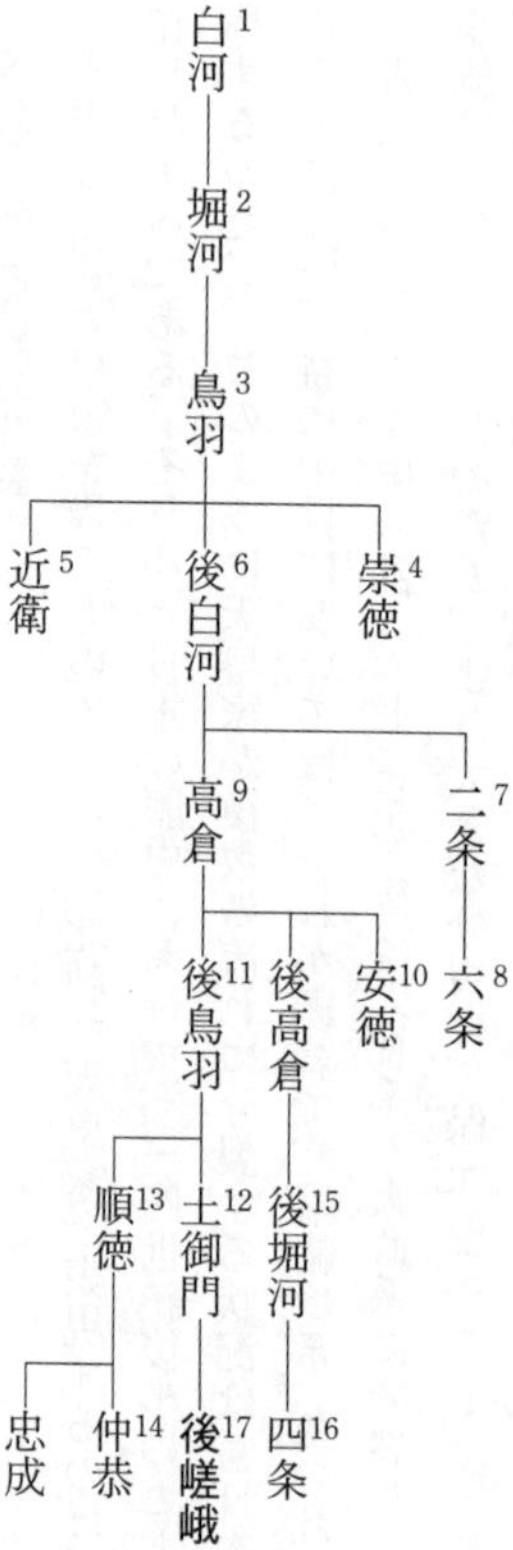

の家長）が皇位決定権を独占的に掌握するようになっており、白河《しらかわ》法皇や鳥羽《とば》法皇などが、自身の個人的寵愛《ちょうあい》や、派閥争いに血眼《ちまなこ》な側近の意向などに基づき、恣意《しい》的ともいえる皇位決定を繰り返していた。そこに平家政権が一族の血を引く高倉《たかくら》天皇や安徳《あんとく》天皇を強引に即位させるなどして、錯綜《さくそう》は極まった。

院政期における皇統の混乱は、治承《じしょう》・寿永《じゅえい》の内乱（いわゆる源平の合戦）を経て鎌倉幕府が成立するのと歩調を合わせて収束する。後白河法皇が「治天の君」として君臨し、天皇の座には孫の後鳥羽《ごとば》が収まる体制が整えられた。平家（及び安徳天皇）の都落ちとともに即位した後鳥羽は、一五年ほど在位し、土御門《つちみかど》、順徳《じゅんとく》と続けざまに皇子を即位させた。ようやく後鳥羽の子孫によって皇位は順調に継承されていく時代が到来したかのように思われたが、後鳥羽の安定政権は、承久三年（一二二一）に幕を閉じる。承久の乱の勃発《ぼっぱつ》である。乱への過程で順徳天皇も皇子の懐成《かねなり》（仲恭《ちゅうきょう》天皇）に皇位を譲った。身軽になって挙兵に積極関与するためであったという。

兄弟間で皇位継承が行われた場合、皇位を譲ることとなった（譲らざるをえなくなった）兄は父帝と距離を取り、皇位を譲られた弟は父帝に一体化するというのは、往々見られるパターンであり、土御門・順徳兄弟と父の後鳥羽の関係も、まさにそのパターンであったが、事が事だけに、後鳥羽と距離を置いていたとされる土御門も含めて、まとめて幕府により配流《はいる》に処された（もっとも後述するように、順徳より土御門の方が、のちのち幕府から好意的に遇されることとなる）。

承久の乱により上皇・天皇が全て京都からいなくなった。幕府は急ピッチで善後策を講じ、後鳥羽の兄（守貞《もりさだ》親王）の子息が皇位を継承する。後堀河《ごほりかわ》天皇である。これにより守貞親王は「天皇の父」となり、天皇に在位しないまま「後高倉《ごたかくら》法皇」として院政を行う。その死後は、後堀河親政へと移行した。

後鳥羽から土御門・順徳、さらには仲恭へと継承された皇統であったが、承久の乱及び、その戦後処理により後高倉の系統へと皇位は移動することとなった。このあとも縷々《るる》述べていくが、中世の、特に前期においては、皇統分裂の極めて大きな要因として武家（＝幕府）の意向があった。承久の乱後の後堀河の即位はその象徴ともいえる。中世の天皇家は、その初発の段階で皇統の分裂を孕《はら》んでいた。

後嵯峨天皇について

さて、承久の乱の混乱も収束していくなかで、鎌倉中期の天皇家を考えるキーマンとなる天皇が登場する。後嵯峨《ごさが》天皇である。承久の乱後の朝廷政治は、当時の摂関家《せっかんけ》随一の実力者であった九条道家《くじょうみちいえ》により主導された。その九条道家政権の柱として皇位にあったのは後堀河天皇の第一皇子の四条《しじょう》天皇であったが、その四条は仁治《にんじ》三年（一二四二）正月に一二歳（数え年。以下同様）の若さで急逝してしまう。

当然、皇子はいないので、誰が皇位を継承するか、朝廷内で議論になり、九条道家は忠成《ただなり》王を後継にと考えた。しかし、忠成王の父親は承久の乱で後鳥羽を積極的に助けた順徳天皇である。幕府としては、それよりも、後鳥羽と距離を置き反幕府的な姿勢を抑制していた土御門天皇の皇子を後継者としたかった。そして、その幕府の意向に道家は抗しきれず、土御門皇子の邦仁《くにひと》王が即位することに決した。この邦仁こそ、その後の皇統分裂に決定的な影響を与えた後嵯峨天皇である。

後嵯峨天皇は、寛元《かんげん》四年（一二四六）には皇位を皇子の後深草《ごふかくさ》に譲り、院政を開始する。当時としては天寿を全うしたといえる五三歳まで生きるなど健康状態にも恵まれた後嵯峨は、二六年という長期間にわたって院政にあたり、安定的に朝廷をリードした。後嵯峨は即位の経緯が経緯だけに、鎌倉幕府との良好な関係維持を重視し、公武で連携しながら善政を実行したと評価されることもある。具体的には鎌倉幕府を預かる北条《ほうじょう》氏と徳政《とくせい》志向を共有し、幕府からの「人事や儀礼や裁判などを適切に行うように」との要請を積極的に履行した（徳政の意味については後述）。後鳥羽は自らを凌駕《りょうが》しつつあった武家を再び自身の膝下《しっか》に従わせようとして失敗したが、実質的に幕府によって擁立された後嵯峨は、幕府と協調する道を選んだのであり、新たな天皇家のあり方を切り開いたともいえる。

後嵯峨の後継者

後嵯峨の時代に生み出されたのは、公武協調の朝廷政治だけではない。本書の主役である北朝天皇家なる存在の端緒もこの時代にある。北朝と南朝は、鎌倉後期に存在した持明院《じみょういん》統と大覚寺《だいかくじ》統という天皇家内部の二統分裂を承《う》けるかたちで生み出された政治的所産だが、その持明院統と大覚寺統の二統分裂が生み出される原因を作ったのが、誰あろう、後嵯峨なのである。

先に述べたように、後嵯峨は即位して早々に、皇子の後深草に皇位を譲り、自らは治天の君となった（説明が一部重複するが、治天の君とは天皇家家長として院政を執行できる上皇のことを指す）。しかし、後嵯峨には他にも皇子がいた。なかでも晩年の後嵯峨は後深草の同母弟である恒仁《つねひと》を可愛《かわい》がったらしく、正元《しょうげん》元年（一二五九）に亀山《かめやま》天皇として即位させてしまう。皇統は、再び分裂した。そして、この分裂状態は次代に統合されることなく引き継がれていくのである。

後嵯峨は、次期天皇家家長（治天の君）を指名することなく崩御した。となると、有形無形の地位や権利をめぐる相続争いが否応《いやおう》なく激化する。そして、このような場合、往々にして〝下の子〟の方が得をする。両天皇の母であった大宮院《おおみやいん》は、亀山こそ後嵯峨の意中であったとして幕府の支持を取り付けた。当面は、後深草ではなく亀山が朝廷政治を親政することとされた。そして、文永《ぶんえい》一一年（一二七四）には亀山の皇子の後宇多《ごうだ》天皇が、亀山からの譲りを受けて即位する。それに伴い亀山院政が始動するわけだが、このことを後深草の立場から捉《とら》えれば、後深草及びその皇子が皇位に復帰できないということを意味し、同時にそれは政権の座に就けないということでもあった。

分裂の深刻化

繰り返しになるが、亀山親政が実現したのは、大宮院が「それが後嵯峨院の遺志ですから」と主張したことによる。しかし、後嵯峨院の遺志は、遺書というかたちで明確に残されてはいなかった。どうやっても水掛け論にしかならないのである。そして後深草は、実母である大宮院が、弟の亀山の肩を持ったことで天皇家のメインキャストから遠ざけられてしまった。別に後深草が在位中に何かを〝やらかした〟わけでは決してない。にもかかわらず、「生前、お父様がそうおっしゃっていたのを私は聞いておりますので」という曖昧《あいまい》な根拠によって、亀山に取って代わられてしまい、しかも、亀山はその次の皇位を自身の皇子に継承させて院政まで開始してしまった。

そのような情勢下、当初は後嵯峨の「遺志」を重視して亀山院政を支持していた幕府も、さすがに後深草のことを不憫《ふびん》に感じたらしく、後深草の皇子熙仁《ひろひと》を皇太子とするようにとの意向を示した。このように幕府が後深草にも一定の配慮を見せたことで、皇統の分裂は固定化することとなった。

やがて熙仁は弘安《こうあん》一〇年（一二八七）、伏見《ふしみ》天皇として践祚《せんそ》する。背景には後深草の境遇を慮《おもんぱか》った幕府の執奏《しっそう》、つまりは拒否権のない進言があったという。なお、中世においては皇位を継承することを践祚といい、それを内外に示すことを即位といって区別されていた。

ここにきて、ようやく後深草は治天の君として執政主体の座に収まることができた。それとともに、これ以降、亀山を祖とする大覚寺統と、後深草を祖とする持明院統による分裂は構造化され、皇位を互いに主張しあうという構図が再生産され続けることとなった。

後深草と亀山の分裂は修復されないまま、それぞれの子孫の間で皇位を争う状況が鎌倉中期以降、常態化するのである。後嵯峨は幕府の強い後押しを受けて即位した天皇である。それゆえ幕府と協調する政権運営をした。そして天皇家と幕府が急接近したことで、後深草と亀山との亀裂にも幕府の影響力が作用するようになり、結果として、幕府は後深草流(持明院統)が存続するような措置を施した。皇統を二つに再分裂させたのは天皇家内部のお家事情であったが、その固定化には武家の意向が大きく影響した。そして、繰り返しになるが武家が影響力を及ぼすようになった起点は後嵯峨擁立の経緯に求められる。

つまり、幕府が皇位の決定に影響力を及ぼすようになったのも、後深草と亀山の間で治天の座をめぐる争いが発生することとなったのも、どちらも時の天皇家家長が後嵯峨だったからこそ起きたといえる。持明院統と大覚寺統の分裂は、二重の意味で後嵯峨の個性によりもたらされたといえるだろう。

対抗する両統

さて、持明院統と大覚寺統に分裂して以降、鎌倉時代の公家社会は両統の相克の歴史として展開する。その具体的様相について少し取り上げたい。

まずは豊永聡美氏の業績をもとに、「天皇家と楽器」という観点から見ていこう。平安後期あるいは院政期以来、中世の天皇は代々、帝王学の一環として雅楽器を演奏するよう教育されるようになった。持明院統については、後深草天皇が建長《けんちょう》四年（一二五二）に琵琶《びわ》始《はじめの》儀《ぎ》を遂げた。琵琶始儀とは、現代でいうと、「初めてピアノ教室に行く日」を儀式化したようなものである。後深草の次に持明院統で皇位に即《つ》いた伏見天皇は、父後深草の意向により、建治《けんじ》二年（一二七六）に琵琶始儀を遂げており、さらにその子後伏見《ごふしみ》天皇も永仁《えいにん》五年（一二九七）に琵琶始儀を遂げた。歴代の持明院統天皇は琵琶を伝習していたことがわかるだろう。

一方の大覚寺統は、持明院統とは異なる楽器を選択した。そもそも皇統分裂の以前より、中世の天皇では琵琶を伝習することが慣習化していた。その意味では持明院統の天皇たちが琵琶に携わったことは自然な流れでもあるし、大覚寺統とて亀山天皇は当初は琵琶の手ほどきを受けており、文永四年（一二六七）には琵琶の秘曲である「啄木《たくぼく》」を伝授されている。ところが、亀山は御遊《ぎょゆう》（宮中などで開かれた管絃《かんげん》の公的な催し）など人前

天皇家略系図③（数字は皇位継承の順序）

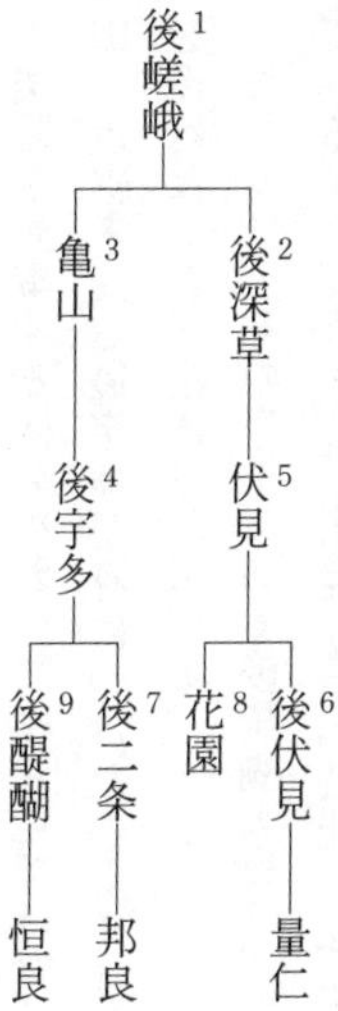

で楽器を演奏する機会においては琵琶ではなく笛を吹くことが多かったらしい。そして、亀山の後継者たる後宇多が身につけたのもやはり笛であり、弘安元年（一二七八）頃に笛始儀を遂げたことが指摘されている。

ちなみに、その皇子である後醍醐天皇は、琵琶も催馬楽《さいばら》も神楽《かぐら》も広範に最秘曲まで伝受しているが（催馬楽も神楽も音楽系の芸能）、その一方で、きっちり笛についても伝習している。持明院統が琵琶ならば、大覚寺統は笛だったのであり、このあたりにも両統の〝張り合い〟が確認される。

次に本郷和人氏の学術論文をもとに、西園寺《さいおんじ》家との関係性について、両統の相違を考えてみよう。西園寺家とは鎌倉中期から末期にかけて朝廷で絶大な権力を誇った貴族で、その権勢の源泉は鎌倉幕府との強いコネクションにあった。鎌倉時代の朝廷と幕府を繋《つな》げる媒介には二種類があった。一つには摂関や上皇などと北条得宗《とくそう》家の間に結ばれていた個人的あるいは私的な結びつきである。鎌倉期も中期以降になると、執権《しっけん》（将軍の補佐役）であることより北条家嫡流の家長であることが重要となっており、北条家嫡流を「得宗家」、その家長を「得宗」と呼ぶ。その武家トップである得宗家と公家方トップとの間で結ばれた、いわば非制度的なルートがあった。そして、もう一つが、いわば公的なルートともいえるもので、「関東申次《かんとうもうしつぎ》」という役職を介した結びつきである。その「関東申次」を歴代にわたり相続し、いわば家職化していたのが西園寺家である。特に日記文学の『とはずがたり』などにも登場することで著名な西園寺実兼《さねかね》は、歴代当主の中でも最大の権勢を誇ったといわれている。鎌倉後期の政治史は、この実兼をはじめ、西園寺家抜きで語ることはできない。

その西園寺実兼の昇進過程について分析した本郷氏は、実兼が大覚寺統の亀山～後宇多期には長らく大納言《だいなごん》に留め置かれていたこと、持明院統の伏見天皇期になって内大臣に昇進したこと、さらに実兼子息の公衡《きんひら》が後宇多天皇から勅勘《ちょっかん》（天皇の怒りを買うこと）されていたことなどから、西園寺家は持明院統の寵臣であって、大覚寺統との関係性は険悪なものであったのではないか、また、ついぞ公衡が太政大臣《だじょうだいじん》に昇進できなかったのは後宇多院政が長期化したからであろうと論じている。

説の当否については、その後あまり議論が進んでいないようであるが、とりあえずここでは、持明院統と大覚寺統では、皇統としてのカラーが異なること、また、良好な関係にあった関東申次の西園寺家を通じて持明院統が、ますます幕府へと接近していったと考えられることなどを押さえておきたい。簡単にいうと、持明院統は鎌倉幕府と仲が良く、大覚寺統はどちらかというと疎遠だったのではないかと考えられるということであり、そのことについては、森茂暁氏がつとに指摘しているので、次に述べよう。

各皇統の性質

森氏は「恒明親王立坊事書案《つねあきしんのうりゅうぼうことがきあん》」なる史料を分析する過程で、持明院統の幕府に対するスタンスを明らかにした。「恒明親王立坊事書案」とは、持明院統の意を受けて平経親《たいらのつねちか》という貴族が作成し、徳治《とくじ》二年（一三〇七）に成立したもので、皇太子富仁《とみひと》（のちの花園《はなぞの》天皇）の即位を願う内容となっている。森氏によると、この「恒明親王立坊事書案」の文章からは、幕府を皇統の保護者、良識的な調停者とみなす持明院統の姿勢、幕府に依存しようという体質が濃厚に滲《にじ》み出ているという。幕府の同情により、どうにかこうにか政権の座に返り咲くことができた後深草の子孫たちは、その後も、なんとか幕府の同情あるいは親近感を梃子《てこ》にして皇位を維持しようという方向に努力を傾けたのである。

大覚寺統はその反対である。どちらかというと、幕府に依存しきることなく、自助努力で朝廷内のイニシアティブを掌握することによって皇位確保を目指した。その端的な表れが、天皇家や朝廷に持ち込まれる訴訟に対する姿勢の相違である。

大覚寺統で訴訟といえば、後醍醐天皇の「綸旨《りんじ》絶対」が想起されがちだろう。世の中に存在する争い事について、その全てを後醍醐天皇本人が裁許《さいきょ》する（判決を下す）という方針があったという考え方は、必ずしも当時の実態を精密に反映しているわけではないが、少なくとも後醍醐は自身の裁量で物事が進んでいくことを是とする傾向にあった。実は、この傾向は突然変異的に発生したのではなく、鎌倉時代の時点で、大覚寺統の訴訟には聖断重視、すなわち「天皇や上皇の決断が最も重要である」という姿勢が強かったと指摘されている。他方、持明院統は、どちらかというと手続きを適切に行うことを重視したとされている。手続き重視というのは鎌倉幕府の訴訟制度の特性であるので、訴訟の面でも持明院統は鎌倉幕府に寄り添う傾向にあったといえるだろう。

鎌倉時代、天皇家は持明院統と大覚寺統に分裂し、それぞれが独自のカラーを帯びるようになっていったのである。

2　皇位争いと鎌倉幕府

永仁の徳政令

ここまで見てきたように、両統分裂の固定化には幕府の発言力が大きく作用した。そこには、当該期における幕府の影響力伸張という社会的背景がある。この点について、本郷恵子氏による通史に導かれつつ、有名な永仁の徳政令を素材に考えてみよう。

永仁の徳政令について、教科書などのイメージでは「借金帳消し」と理解されがちであるが、すでに多くの先賢が繰り返し強調してきたように、そもそも徳政令とはイコール「借金帳消し」を意味するものではなく、「治世者が実行すべき正しい政治」といった程度の、極めて観念的かつ抽象的な概念であった。それが、徐々に「適切に裁判を実行し、社会正義を実現させる」という意味合いが強まっていき、その一環として、訴訟の乱発を押さえるため、言い方を換えると、訴訟をしなくても済む状況にあるという（御家人《ごけにん》にとっての）社会正義を実現させるため、借金帳消し事項が加えられるようになったとされている。

永仁五年（一二九七）三月六日に発令された永仁の徳政令は、七月二二日付けで京都の六《ろく》波羅《はら》探題《たんだい》（幕府の出張所）に通達された。そこに「売った所領をただで取り戻せる」との条項があるとの情報は、たちまち全国に広がったらしく、該当者たちはすぐさまアクションを起こしたという。しかし、ここで問題が発生した。本来、幕府の命令とは、御家人のみを対象としていた。鎌倉幕府とは、そもそもそういう性格を本質として帯びた政治団体である。にもかかわらず、原則論的には幕府の命令の埒外《らちがい》にあるはずの非御家人たちも、この徳政令に飛びついたのである。幕府当事者の意図を越えて、もはや鎌倉幕府の命令は御家人の枠に収まらず、広く御家人以外の人々にも受容され、活用されるようになっていたのである。

神領興行令

このような、幕閣にとっては「なんで、知らない人たちまでも、自分たちの指示待ちをしているんだ？」という状況は、永仁の徳政令に限らず、当時あちらこちらで発生していた。

次に神領興行令《しんりょうこうぎょうれい》を取り上げよう。といっても、神領興行令と永仁の徳政令は、双子のような関係で、おおまかにいうと、御家人を対象に発令されたのが永仁の徳政令で、寺社に対して発令されたのが神領興行令という関係になる。

「興行」とは「ダメになったものを、元の正しいかたちに戻す」といった意味合いで、当時、なかなか知行《ちぎょう》（実効支配）できない状況になってしまっていた寺社所領について「ちゃんと知行できるようにしなさい」と幕府が命じた法令である。これによって寺社は担保として質流れしてしまった所領などを無条件で取り戻すことができるようになった。永仁の徳政令と同様に、金を貸した方としては大迷惑である。

ところで、本来なら、そのような寺社領保護は朝廷なり天皇家なりの役割であったはずである。にもかかわらず、なぜかそれを幕府が担うようになっていた。その背景には、鎌倉後期にモンゴルが襲来した際、幕府が全国各地の寺社に祈禱《きとう》命令を出し、その見返りとして保護を与えたという要素もあるのだが、それは朝廷とて同じである。朝廷もモンゴル襲来から王土を守るべく全国各地の寺社に祈禱命令を出し、恩賞として同様の綸旨（天皇の命令書）を出していた。しかし、幕府と朝廷からそれぞれ同内容の命令書を受けた寺社は、幕府の命令の方を重視し、それをもって知行回復を図ったのである。

当時の朝廷はもはや社会的な実効性を持たない存在と化していた。社会は「実際に意味があるのは、こっち」として、幕府法にこそ実効性を認めるようになっていたのである。幕府にとっては「これで、今まで以上に多くの相手を影響下に収められる」というものではなく、「なんで、御家人でもない連中が、自分たちを頼ってくるんだ？」との当惑に包まれていたであろう。

悪党と幕府

幕府の当惑の中でも最大のものは悪党《あくとう》対策であろう。「悪党」の「悪」という言葉が持つ含意については、古くから様々に表現されてきたが、筆者が最も腑《ふ》に落ちる表現は、近年の大学生などが使う、若者言葉としての「やべぇ」であろうかと思われる。「悪党」とは、要するに「やべぇヤツら」というのが直訳になると考えている。

ともあれ、研究史上、悪党は鎌倉時代後期の社会・経済の矛盾を体現する存在であり、幕府を滅亡に追い込んだ要因とされてきた。その正体は悪事ばかりを働く賊的存在ではなく、御家人や荘園領主に仕えるはずの荘官が幕府や主家の意図を超えて成長し、反秩序勢力になったというのが真相らしい。鎌倉時代の秩序において与えられていた枠組みでは収まらなくなり、その秩序を守っていれば損をする立場にまで成長したので、より大きくなった自らの身の丈に応じた新たな枠組みを求めて行動した結果、既存の秩序を守る立場の側からすれば不適当な行動を繰り返すようになったのが、一四世紀初頭前後に跳梁《ちょうりょう》した悪党たちである。そのような悪党への対策に、なぜか鎌倉幕府は駆り出されるようになっていた。繰り返しになるが、鎌倉幕府は本質的に御家人（だけ）を相手にする組織であった。しかし、御家人以外を担当するはずの朝廷は、もはや実行力、強制力を喪失していた。そこで朝廷は幕府に悪党（荘官＝非御家人も含む）対策を押しつけるようになったのである。具体的にはまず荘園領主などが院（上皇＝治天の君）に悪党追討を依頼し、それを受けて院が幕府に違勅院宣《いちょくいんぜん》を発行する。「天皇家の意向に従わない連中がいるので幕府の方で対応してほしい」という命令書である。幕府は違勅院宣を根拠に悪党追捕《ついぶ》の実務（強制力）を執行する、そのような仕組みが作り上げられた。

朝廷は悪党禁圧を幕府に依存するようになっており、鎌倉後期の幕府は院宣を受けて悪党を禁圧する役割も果たさざるをえなくなっていた。承久の乱以降、モンゴル襲来を経るなかで、社会全体が鎌倉幕府への依存を強めていたのである。

熙仁の立太子

社会が幕府を必要としていたくらいだから、天皇家が皇位を決めるにあたっても幕府を必要とした。両統迭立《りょうとうてつりつ》期の皇位の流れに対する幕府の影響力について順番に見ていこう。内容は重複するが、改めて後深草天皇と亀山天皇に登場してもらい、再度、皇位をめぐる争いの様相を見直してみよう。

文永九年（一二七二）二月、後嵯峨法皇死去により治天の君となった亀山天皇は、二年後の文永一一年に二六歳で八歳の皇子に譲位し、後宇多天皇が登極（即位）した。これにより亀山親政から亀山院政に移行したが、亀山が治世の中心にいるという事実は変わらなかった。実態はほとんど変わらないのに、なぜ亀山が後宇多に譲位したかというと、上皇として院政を行うことこそ、中世における朝廷政治の通常の形態だったからである。親政とは天皇に皇子が存在しないときにやむなくとられる形態であり、むしろ譲位したことで亀山は思うままに政治を行う体制を整えたといえる。

しかし、そうは問屋が卸さない。後宇多に譲位した翌年、幕府の使節が上洛《じょうらく》してきた。伝達内容は「後深草の皇子熈仁を皇太子に立てなさい」というものであった。もちろん、形式上は「後深草の皇子熈仁を皇太子に立てるというのはどうでしょうか？」という提案なのだが、朝廷にその提案を却下するという選択肢は事実上なかった。幕府の執奏が意味することとは、熈仁即位後は後深草が院政を行うということであり、亀山の院政は期限を切られることとなった。承久の乱以降、幕府が皇位に影響力を行使することが目立つようになるが、後深草と亀山の争いに首を突っ込んだことで、幕府による皇位への関与は、このあと常態化していく。

伏見天皇の即位

亀山の院政は弘安一〇年（一二八七）まで続いた。この年、再び東使《とうし》（幕府の使節）が上洛した。そして関東申次であった西園寺実兼を介して東宮《とうぐう》（皇太子、あるいは皇太弟など）熙仁を即位させるよう執奏した。これにより皇位は持明院統の伏見天皇のものとなり、後深草が治天の君となった。ここでも事態を展開させたのは幕府による鶴の一声だった。

とはいえ、ここまでは既定路線が実行されただけの話であり、大覚寺統としても織り込み済みであった。大覚寺統に衝撃を与えたのは、次の皇太子として後宇多の皇子邦治《くにはる》ではなく、伏見の皇子胤仁《たねひと》が立てられたことである。後深草は、皇位を亀山の流れに戻すことなく、自らの子孫による嫡系相承を試みたのである。もともと後嵯峨の皇子で最初に皇位に即いたのだから、後深草としては、「自分こそ正統」という意識が強かったのであろう。しかし、後宇多など大覚寺統がそれに納得するはずもなく、皇位をめぐる両統の争いは朝廷内部の権力闘争を引き起こしながら、泥沼化していく。

鎌倉後期を代表する政治家として西園寺実兼は先に挙げたが、もう一人、政界の風雲児ともいえる人物がいた。京極為兼《きょうごくためかね》である。為兼は家学の和歌を通じて伏見天皇に取り入り、政治家としても辣腕《らつわん》を振るったが、やがて幕府の逆鱗《げきりん》に触れて失脚した人物である。

持明院統の寵臣ともいえる京極為兼が幕府により佐渡《さど》へと配流されたのと同じ永仁六年（一二九八）、伏見天皇は後伏見天皇に譲位し、院政を開始した。これまた既定路線である。ただし、その際に皇太子とされたのは、持明院統の皇子ではなく、後宇多の皇子邦治であった。亀山・後宇多の側が何らかの画策をしたのであろうといわれているが、もちろん、その中には幕府への工作も含まれていたであろう。為兼の失脚により持明院統と幕府との関係性に隙間風《すきまかぜ》が吹いていたからこその措置であろうから、邦治立太子には幕府の影響力が強く作用したと判断できる。

いずれにせよ、持明院統は皇位の独占に失敗した。そして、両統による皇位争いは、まさに構造化したのである。

後二条天皇の即位

この時期、時代の風は、どちらかというと大覚寺統有利に吹き始めた。追い風を逃すまいと亀山法皇（上皇が出家すると法皇となる）は攻勢を仕掛け、幕府への工作をさらに本格化させる。正安《しょうあん》三年（一三〇一）、亀山は廷臣を使者として鎌倉に派遣し、鎌倉から返使が入洛した。執奏された内容は「譲位を行い、治天の君は後宇多とするように」というものであった。これにより後二条《ごにじょう》天皇が即位し、それに伴い後宇多院政が実現した。このあたりから、おおむね持明院統と大覚寺統が交互に皇位に即く、いわゆる〝迭立〟的な状況が続くこととなる（厳密には、一代ごとの迭立はさほど毎度発生したわけではない）。ちなみに、この譲位により、大覚寺統には亀山法皇と後宇多法皇がいて、持明院統には後深草法皇と伏見上皇、後伏見上皇がいる、すなわち上皇と法皇が合計五人も存在するという空前絶後の事態が発生した。上皇が三人や四人の状況と比べて、さして現実的にどうのこうのということはないのだが、一三世紀末に皇統の錯綜が極まっていたことを象徴的に表してはいよう。

なお、ここで、少し角度を変えて確認しておかなければならないのは、両統が迭立するということは、当たり前だが、両統が持続的に存立しているということである。両統が持続的に存立するためには、それを保障する収入が必要である。要するに、両統ともに相応の所領を有していないと、迭立状況は発生しないのである。

この時期、持明院統も大覚寺統も所領基盤は十全であった。それぞれ長講堂《ちょうこうどう》領、八条院《はちじょういん》領と称される所領群を相伝していた。加えて、もともと室町院《むろまちいん》領と称された膨大な所領群も両統に配分されることになった。室町院領は文字通り女院《にょいん》（上皇に準ずる待遇を受ける皇女など）である室町院が継承していた所領群であったが、室町院は弘安年間（一二七八〜八八）

に亀山上皇（大覚寺統）宛《あて》、正安年間（一二九九～一三〇二）には伏見天皇（持明院統）宛の譲状《ゆずりじょう》（財産等の譲渡の証文）を作成した。当然、遺産争いとなる。ここで裁定を下したのが、なぜか幕府なのである。天皇家の側が幕府に裁定を求めたのだから、幕府としても対応せざるをえない。こんなところにまで幕府の影響力は及んでいた。

皇統の争いが複雑化すればするほど、幕府の存在がクローズアップされるという構図が鎌倉時代後期には現出していた。それぞれの皇統ともが皇位決定を幕府の影響力に委《ゆだ》ねたことで、両統迭立期における皇位争いに鎌倉幕府は否応なく巻き込まれていった。

3　文保の和談と後醍醐天皇

東使の入京

日本史に興味があったり高校などの教科書で触れた読者なら、「両統迭立」という単語を聞いたとき、連想的に「文保《ぶんぽう》の和談」という単語も思い浮かぶかもしれない。ここでは、いわゆる文保の和談の実態について、近年の成果を参照して説明していこう。

正安三年（一三〇一）に即位した大覚寺統の後二条天皇は、延慶《えんきょう》元年（一三〇八）に若くして崩御してしまう。それに伴い、東宮であった持明院統の富仁親王が即位した。花園天皇である。ここでいったん後宇多院政は停止する。大覚寺統は、一刻でも早く皇位を回復すべく、幕府工作を過熱させる。その結果、文保元年（一三一七）に東使として摂津親鑒《せっつちかあき》が入京することとなった。このとき親鑒を使者として朝廷に伝えられた内容こそが、後世に「文保の和談」と称されるようになっていく。

それでは、親鑒が伝えた内容とは、どのようなものであっただろうか。端的に表す表現としてしばしば紹介されるのが「聖断たるべし」という文言である。この文言については、研究史上いろいろ大げさに解釈されたこともあるが、シンプルに「皇位については天皇家で決めるものです」と直訳し、含意としては「幕府にはお手上げなので、仲良く勝手にやってくれませんか」と読み取るべきで、要するに「幕府としては、どちらかに肩入れすることはしません」という意向を伝えたのであろう、というところに解釈は落ち着きつつある。文保の和談とは、皇位に対する幕府の方針が明示された出来事といえる。

文保の和談の経過

文保の和談の経過については森茂暁氏の研究に詳しいので参照しよう。文保の和談については、幕府による鶴の一声でその後の皇位継承方針が一決したように思われることもあったようだが、関係史料を突き合わせていくと、この際の皇位交代には種々の問題が内包されており、それを一つ一つクリアにしていくことによって実現したものであるという。大覚寺統の働きかけの結果として摂津親鑒《ちかあき》が上洛したのだから、事の発端は花園天皇を退位させるための大覚寺統の工作である。しかし、当初、持明院統の伏見上皇は花園への退位要求を突っぱねた。治世の権限を大覚寺統に奪われることになるのだから当たり前のことであろう。文保元年（一三一七）のことである。

その風向きが一変するのは、年が改まった文保二年。文保元年の九月に伏見上皇が崩御していたのである。支柱ともいえる伏見を失った持明院統は、徐々に大覚寺統の攻勢を前に厳しい立場に追い込まれていく。文保二年の正月、大覚寺統の後宇多上皇は、関東申次西園寺実兼を通じて再び持明院統に譲位を迫った。花園天皇は抗しきれず、翌二月に後醍醐天皇への譲位を余儀なくされた。「和談」といわれれば、互いが譲り合いの精神を発揮して、みんなが幸せになるような折衷案が同意されたかのように感じるかもしれない。だが、実態は決してそのような牧歌的なものではない。結果的に鎌倉末期の皇位継承を規定していく、あるいは両統にとっての桎梏《しっこく》となっていく出来事ではあるのだが、同時代的には、文保の和談とは両皇統による激しい相克の一場面に過ぎなかった。

文保の和談の本質

もちろん、花園天皇の譲位を持明院統は白旗を上げて受け入れたわけではない。持明院統には持明院統なりの狙《ねら》いがあり、その実現と引き換えに花園の退位を甘受したのである。持明院統の狙いとは、後伏見上皇の皇子である量仁《かずひと》を東宮に据えて、やがて践祚させるというものである。将来の皇位を保障させることで、現在の皇位を差し出したといえるだろう。

しかし、この文保の和談により即位したのは、あの後醍醐天皇である。そして尊治《たかはる》親王を後醍醐天皇として即位させたのが、手練《てだ》れの後宇多上皇。そうそう簡単に持明院統の要求は聞き入れられない。後宇多上皇の真の狙いは、単に皇位を大覚寺統に引き戻すということだけではなかった。年齢等の都合により、このときには後二条の異母弟の尊治（後醍醐）を皇位に指名したが、後宇多の本命は早世した後二条の皇子、後宇多から見れば嫡孫にあたる邦《くに》良《よし》親王だった。尊治の即位は後宇多にとって目的ではなく手段であり、持明院統に皇位を移らせることなく、一気に邦良の即位まで持っていくというのが、後宇多の狙いなのである。文保の和談における真の争点は皇位を花園から後醍醐に代えることではなく、次の皇太子を持明院統の量仁にするか、大覚寺統の邦良にするかにあった。

それに対して摂津親鑒《ちかあき》が伝えた幕府の提案は、後醍醐天皇の跡は邦良親王が継ぎ、その次に量仁親王が皇位に即くというものであった。大覚寺統の後醍醐から大覚寺統の邦良に皇位が継承されることが既定路線化され、持明院統に治世の権が戻るのは、次の次の代ということなった。これで大覚寺統側は「めでたし、めでたし」となりそうなものなのだが、そうもいかない。この文保の和談により即位したのは、あの後醍醐天皇である。そんな単純なハッピーエンドは訪れない。

後宇多が政務への意欲を減退させたこともあって、花園から大覚寺統に治世の権が移ってからは、後宇多院政ではなく後醍醐による親政が執られた。後醍醐の発言力が増大していくにつれ、後宇多の方針の実現はおぼつかなくなっていく。のちに詳述するが、後醍醐は甥《おい》の邦良ではなく、我が子への皇位継承を志向するようになったのである。

こうして、持明院統にも大覚寺統にも火種が残る、「和談」という言葉には似ても似つかない状況が発生し、安定的な皇位継承からは程遠い状態が続くことになった。後宇多上皇の働きかけにより摂津親鑒が上洛することに端を発する、これら一連の政治的動向を総称して「文保の和談」と呼ぶのである。

後醍醐の立場

「文保の和談」を契機に、政界の表舞台に登場したのが後醍醐天皇であった。繰り返しになるが、文保の和談では、後醍醐の次の天皇は後二条皇子の邦良（後醍醐から見れば甥）で、その次は持明院統の量仁に皇位が移動するように取り決められていた。厳密な迭立ではないことで持明院統にも不満の残る取り決めではあるが、結局は持明院統に皇位が戻るのであって、後醍醐はそのことが受け入れられなかった。大覚寺統に属する後醍醐にとって持明院統は宿敵であった。

もっとも、後醍醐の頭を悩ませたのは持明院統だけではない。より手強い競合《てごわ》相手がいた。それが、後醍醐の次に皇位に即くこととなっていた邦良である。大覚寺統において嫡流と認定されていたのは、後醍醐の系統ではなく、兄の後二条の系統、すなわち邦良なのである。後醍醐は邦良が成長するまでの中継ぎでしかなく、「一代の主《ぬし》」との言葉が後醍醐の立場を最も的確に要約している。このような境遇が、その後の後醍醐の専政志向（マキャベリズム）を形作ったと評価する研究者もいる。

倒幕への道

不安定な自らの境遇に抗《あらが》うように親政に邁進《まいしん》した後醍醐に、時代の風は味方した。後醍醐が自らの子孫に皇位を継承させる上での障壁は幾重もの層をなしていたが、それらが、一枚、また一枚と剝《は》がれ落ちていく。

まず最初に剝がれ落ちた障壁は父院後宇多である。後宇多院は元亨《げんこう》四年（一三二四）六月に人生の幕を閉じた。皇位に関する関与を見ただけでも、後醍醐の父たるにふさわしいエネルギッシュな生き様であったことが想像されよう。

　後宇多の生前からすでに親政を行っていた後醍醐にとって、晩年の父は少なくとも政務上の「目の上の瘤《こぶ》」というほどのことはなかったのかもしれないが、皇位を自らの子孫に伝える阻害要因であったことに違いなく、重しが取れたような感覚にはあったのかもしれない。父の四十九日法要も終わらないような時期から、後醍醐は政治上不穏な動きを見せるようになる。正中《しょうちゅう》の変である。後醍醐天皇は鎌倉幕府打倒を企てていた。そのような後醍醐の狂気的にも見える姿を目の当《ま》たりにした邦良は、本当に文保の和談の取り決め通り自身が皇位に即けるか不安を覚え、幕府と積極的にコンタクトを取り、後醍醐の譲位を働きかけるようになった。

　もっとも、結局、邦良が皇位を後醍醐やその皇子と争うような事態はついに発生しなかった。というのも正中三年（一三二六）の三月に、当の邦良が東宮のまま夭折《ようせつ》してしまうのである。後醍醐にとっては二枚目の障壁が剝がれたわけである。となると、次に焦点となるのは、邦良に代わって誰を東宮とするかである。後醍醐はもちろん自身の皇子である尊良《たかよし》を推す。対して邦良に近い立場にあった人々は、邦良の弟邦省《くにみ》の立太子を画策した。しかし、幕府は、文保の和談の取り決めに則《のっと》り、持明院統の量仁を立太子させた。のちの光厳《こうごん》天皇である。幕府としては当然の対応であろう。約束を履行しただけの話である。

しかし、この、幕府のあまりにも当たり前の対応により、後醍醐は焦燥感を募らせた。幕府は文保の和談の取り決めをあくまで遵守《じゅんしゅ》するということが明らかになったのである。ということは、後醍醐が「一代の主」であるという既定路線に変更が加えられる可能性も限りなくゼロに近い。ここに至って、鎌倉幕府こそ後醍醐にとって最も高くて厚い障壁であることが明確になった。後醍醐は正中の変にめげることなく、むしろ、いっそうの覚悟を持って倒幕を準備するようになる。

鎌倉幕府の悲劇

気の毒なのは鎌倉幕府である（厳密には北条得宗家政権と呼ぶべきかもしれないが）。すでに述べてきたように、当時の幕府は、当人たちの意図を超えて、社会における影響力を、いわば他律的に増大させていた。なかでも幕府を苦しめたのは、朝廷により押しつけられた悪党問題への対応である。御家人たちにとっては、知らないうちに本来なら与《あずか》り知らないような負担が増えていたのである。その御家人たちを動員するためには強権を振るうしかない。北条得宗家は幕府の終末期に近づけば近づくほど専制化していったが、背景にはそのような事情もあった（もちろん、政治的闘争の結果であったり、当事者たちの個性であったりといった、より直截《ちょくせつ》的な影響も大きいのだが）。

後醍醐が不穏な動きを見せていた当時の幕府、あるいは北条得宗家は、〝いっぱいいっぱい〟であった。そうしたなかで「皇位決定について鶴の一声を」という矢の催促が両統からひっきりなしに飛んでくる。幕府の本音は「朝廷のことは朝廷で決めてほしい」であった。ほとんどそこにブレはない。しかし、時代がそれを許さず、皇位を自律的に決められない朝廷は皇位決定を幕府に依存し続けた。文保の和談は、そのような窮状に陥った幕府の〝魂の叫び〟でもあったのだが、その〝魂の叫び〟が、たまたまそれにより即位した天皇の道を塞《ふさ》ぐこととなり、その結果、幕府はその異能の天皇により滅亡させられることとなった。

後醍醐は、利用できるものなら何でも利用するという姿勢で、悪党を積極的に取り立て、他方では勢力を伸張させていた商工業者を掌握するなど、新興勢力の登用に成功した。そのセンスにはもちろん敬意を表すべきだろう。しかし、過剰な負担を押しつけられて疲弊させられた上に、その過剰な負担を押しつけてきた当事者である天皇家から引導を渡された鎌倉幕府の憐《あわ》れにこそ、筆者の目は奪われるのである。

第二章　天皇家と足利将軍家の邂逅《かいこう》

――南北朝時代前後

1　北朝の成立

倒幕の成功

文保の和談による既定路線をご破算にさせ、自身の皇子へと皇位を継承させるべく鎌倉幕府との対決を選んだ後醍醐天皇であったが、その無謀ともいえる試みは、時代の追い風を受けたこともあって成功することとなった。改めて具体的な様相を振り返っておこう。

先にもごく簡単に触れたが、最初に露顕した後醍醐と鎌倉幕府との摩擦は、いわゆる正中の変である。正中元年（一三二四）、後醍醐の寵臣であった日野資朝《ひのすけとも》・俊基《としもと》らは武士である土岐頼兼《ときよりかね》らと語らって倒幕の計画を練っていた。しかし、その密計は事前に漏れてしまい、資朝が佐渡に配流されるなどの処分が下された。ただし、よもや後醍醐が再度挙兵するなどとは夢にも思わなかった幕府は、事が大げさにならないよう、後醍醐については宥免《ゆうめん》（大目に見て罪を許すこと）とした。

事なかれ主義といえば事なかれ主義ともいえるが、日本社会の特性を踏まえれば至極妥当であったはずのこの処置は、しかし、結果的に幕府の首を絞めることとなる。幕府の想定を超えて、後醍醐はあまりにも常識外の存在だった。なんと、元弘《げんこう》元年（一三三一）に再び倒幕計画を練るのである。元弘の変と呼ばれる再度の倒幕計画も、これまた事前に発覚し、さすがに懲《こ》りた幕府は後醍醐にも厳しい態度で臨み、隠岐《おき》に配流することにした。しかし、後醍醐はそれでもめげない。

後醍醐が隠岐へと流された後も、各地の後醍醐与党は倒幕活動を持続する。その代表格が楠木正成《くすのきまさしげ》と護良《もりよし》親王（後醍醐の皇子）であった。彼らの奮闘に勇気を与えられた後醍醐は隠岐からの脱出を決意し、名和長年《なわながとし》（伯耆国《ほうきのくに》の有力者）などのサポートを得ることで、首尾よく伯耆国へと辿りついた。皇位を我が子に継承させたいという個人的な動機に発した後醍醐の計画であったが、悪党問題に象徴されるように、社会全体が変革期にあるという時流に乗り、倒幕運動は列島各地に急速な広がりを見せる。幕府は追討軍を京都に派遣するが、その重責を担った足利高氏《たかうじ》（のち尊氏と改名）が事もあろうに後醍醐派として六波羅探題を攻撃してしまう。同時に関東では新田義貞《にったよしさだ》が呼応する。雪崩《なだれ》を打った内部崩壊を前に六波羅探題も鎌倉幕府も、実にあっけなく滅亡した。無謀だったはずの後醍醐の倒幕計画に時代が味方したのである。

後醍醐の過ち

しかし、時代が後醍醐の味方をしたのは、ここまでだった。鎌倉幕府の滅亡とともに、時代の風は後醍醐にとって逆風として作用することとなる。そもそも後醍醐は風を読まない。それゆえ、たまたま風に乗ることもあれば、正面から風に抗《あらが》ってしまうことにもなる。後醍醐は大内裏《だいだいり》（天皇の住まいと庁舎街）造営などの政策を強行したが、それらは完全に裏目に出た。二条河原落書《にじょうがわらのらくしょ》で「此比《このころ》都ニハヤル物　夜討《ようち》強盗謀綸旨《にせりんじ》　召人《めしうど》早馬虚騒動《そらそうどう》」などと強烈なノーを突きつけられたように、後醍醐は急速に社会の期待から乖離《かいり》した存在になっていく。

しかも、後醍醐政権は、内部に爆弾を抱えていた。護良親王と足利尊氏の対立である。鎌倉幕府の滅亡から一年ほど経過した建武《けんむ》元年（一三三四）の六月、護良親王が尊氏打倒の企てを実行しようとしているとの噂《うわさ》が京中に駆け巡った。事の真相は不明だが、おそらくそのような動向は端々から確認されたのであろう。やがて、一〇月になると護良は参内（皇居に参上すること）した際に結城親光《ゆうきちかみつ》・名和長年により捕縛される。そして、尊氏により身柄を確保されると、鎌倉護送の上、尊氏の弟直義《ただよし》の監視下に置かれることとなった。政権内部での分裂が白日の下に晒《さら》されたわけであり、後醍醐政権は短期間で行き詰まりを見せていく。

後醍醐対尊氏

源平の対立をはじめとする歴史上の二者対立というのは、単に当事者同士の個人的な相性だけで発生するわけではない。それが社会現象として列島規模で拡大するということは、相応の社会的背景が存在するからであり、二者対立とは社会矛盾の代理戦争に過ぎないといえる。それは尊氏と護良親王、あるいは尊氏と後醍醐派の対立とて変わりがなく、護良が失脚したくらいで「めでたし、めでたし」となるはずもない。結局、尊氏は後醍醐と袂《たもと》を分かつこととなる。

発端は建武二年（一三三五）七月に北条高時《たかとき》（北条氏最後の得宗）の遺児時行《ときゆき》が信濃《しなの》で挙兵した事件、いわゆる中先代《なかせんだい》の乱であった。時行の進軍に対峙《たいじ》したのは、鎌倉で東国支配の基盤固めを委ねられていた足利直義。政務に辣腕を振るった一方で、基本的に合戦ではたまにしか勝てない人物であった。このときも時行に勝てなかった。時行に敗れた直義は尊氏に援軍を要請する。「待ってました」とばかりに尊氏はその要請に呼応し、関東へと下向する。直義とは対照的に、尊氏は基本的に合戦ではたまにしか負けない人物であった。このときも連戦連勝で時行軍を鎮圧し、鎌倉の奪回に成功する。

そして、鎌倉を奪回した時点で、尊氏の目的は達せられたはずだった。それゆえ後醍醐は尊氏に帰京を命じる。しかし、尊氏の帰京に直義が強硬に反対した。後醍醐政権からの離脱を決断するよう迫ったのである。直義の建言に押し切られた尊氏は、これ以降、後醍醐政権とは袂を分かち、独自な政治権力として諸権能を行使するようになる。ありていにいえば天皇権力を無視したのであり、後醍醐政権に挑戦状を突きつけたといえる。戦前に尊氏が〝謀《む》反人《ほんにん》〟として厳しく糾弾されたのは、このことによる。ともあれ、尊氏の態度が明らかになると、後醍醐も対応を迫られることとなり、新田義貞が尊氏を討伐すべく関東に下向するとの噂が広まった。尊氏は逆に義貞誅伐《ちゅうばつ》を後醍醐天皇に上奏したが後醍醐はこれを無視し、尊良親王を大将として尊氏追討を決断する。尊氏は完全に朝敵となった。

中先代の乱を契機に、尊氏は建武政権と決別し、これ以降足利軍と後醍醐軍の全面戦争に突入する。こうして後醍醐政権は短期間に瓦解《がかい》していくのである。

室津の軍議

結果的には、後醍醐政権は瓦解への道を突き進んだのだが、当然そこには紆余《うよ》曲折《きょくせつ》があった。尊氏が後醍醐に「もはやあなたの言うことは聞きません」との姿勢を鮮明化させたことで、後醍醐は尊氏を朝廷をないがしろにして天皇家に弓引く謀反人と認定し、その征伐のために新田義貞軍を派兵した。そして義貞は建武二年（一三三五）一二月、足利軍と対峙する。このとき足利軍を率いていたのは直義であり、義貞は合戦に勝利する。基本的に直義は合戦に勝てない。そうすると、例によって尊氏が救援に来る。そして、尊氏は義貞に勝利した（竹之下《たけのした》合戦）。尊氏は合戦にたまにしか負けないのである。「直義が負けて、救援に駆けつけた尊氏が勝つ」というのは、ほとんどお約束のパターンであり、あらかじめシナリオが用意されていたのではないか、あるいは、『太平記』の作者など同時代人が事実とは無関係に状況をそのようなものとしてパターン認識していたのではないか、と錯覚さえする。

ともあれ勝利に勢いづいた尊氏は、翌建武三年（一三三六）正月には京都へと進撃する。後醍醐は比叡山《ひえいざん》に逃れて難をやり過ごしていたが、やがて態勢を立て直した新田義貞が再び尊氏に挑み、今度は義貞が勝利した。尊氏もたまには負ける。もっとも筆者の妄想では、実はそこまでお尻《しり》に火がついていない状況であって、合戦をしながらも次の作戦を考えて、「今は撤退した方がなにかと好都合」くらいのことは考えていたのかもしれない、と疑ってしまったりもする。というのも、このあとの〝撤退戦〟の過程が、全て、その後の軍事展開が足利軍優位に推移する上での、重要な布石として機能するからである。視野を広げて眺めれば、負けたことで結果的に得たものが、足利軍には非常に多かった。

その最たるものが、室津《むろつ》の軍議と呼ばれる作戦会議での取り決めである。この軍議では、西国《さいごく》（中国・四国・九州）の防備と支配の基本方針が決定された。この施策方針がのちの守護《しゅご》制度の基盤になったと評価されている。義貞軍に敗れたことによる非常事態対応が、その後の制度設計に直結したのである。

本書との関わりにおいて、より重要なのは、室津の軍議の少し前、いわゆる元弘没収地返付令《へんぷれい》とともに固められた天皇家に対する方針である。なお元弘没収地返付令とは「元弘年間（＝幕府滅亡時）に後醍醐によって召し上げられた所領が返付（返還）されるようにするので、足利軍に味方せよ」という命令のことで、旧幕府勢力の足利軍への糾合を加速化させた。これまた非常事態対応が足利軍の社会的地位を押し上げることとなった事例である。

話を戻すと、元弘没収地返付令と同時に固められた天皇家対策とは、ずばり、持明院統の担ぎ出しである。プロセスは後述するが、この持明院統担ぎ出し方針もまた、その後の室町幕府の成立と安定運営に大きく寄与することとなった。尊氏が義貞に負けたことは、室町幕府の骨子が作られるという結果をもたらした。

足利家の立場

ともあれ、非常事態対応がたまたま全て上手《うま》くいったことで尊氏は巻き返して後醍醐勢力

足利氏略系図

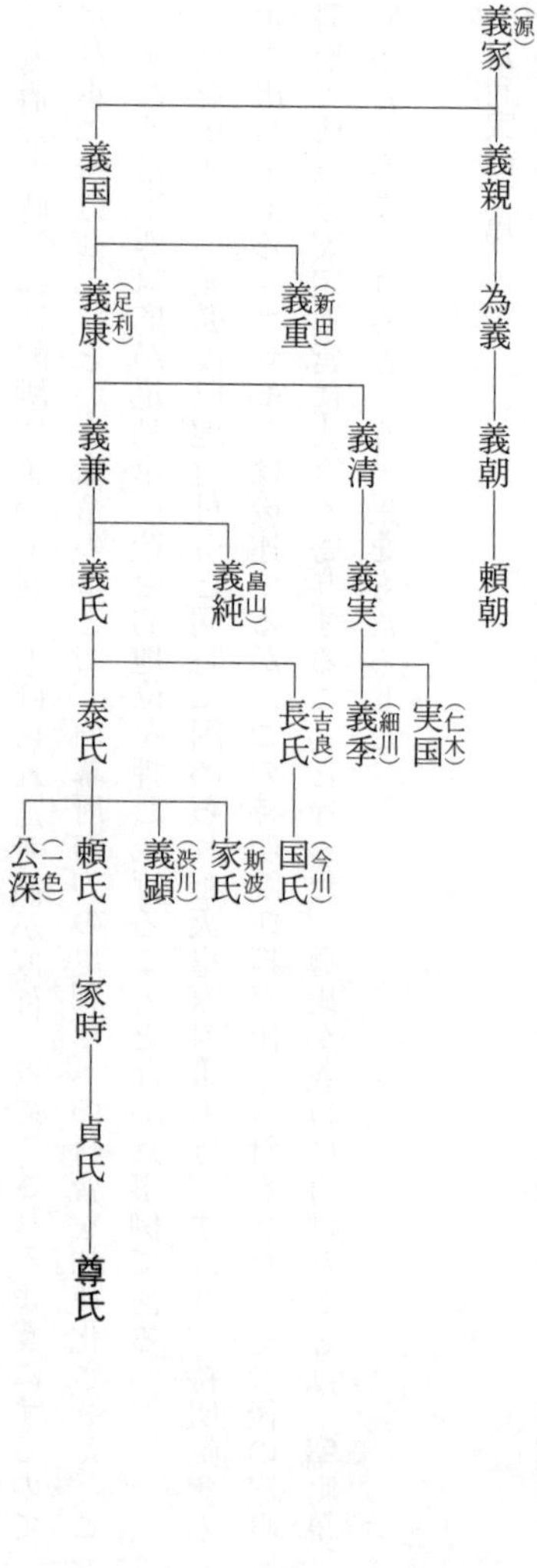

を圧倒できたのだが、だからといって足利軍、あるいは足利家の立場がこの時点において盤石であったことを意味するわけではない。というのも、武士の社会でどこまで足利家が「棟《とう》梁《りょう》」にふさわしい家であったか、というところが必ずしも同時代的に自明でなかったからである。この点について川合康氏の業績を参考に紐解《ひもと》いていこう。

確かに足利家は頼朝と同じく源義家《よしいえ》（後三年《ごさんねん》の役《えき》で活躍した平安後期の武将）を先祖として

おり、棟梁にふさわしい「貴種性」を備えていたが、問題は、足利家だけが貴種性を主張しうる唯一の存在ではなかったことである。頼朝の子孫が絶えた以上、貴種性は、どれだけ頼朝に近い血統にあるかが大きな意味を持ったが、足利家程度の近さで棟梁たる条件を満たすのであれば、他にも有資格者は少なからず存在した。そのようななかで足利家はこの時期、「足利家こそ、源氏の正統である」という状況を作り出すため、多重的な努力をしていく（川合氏はその営為を「源氏嫡流工作」と表現する）。

例えば室町初期の史書『難太平記《なんたいへいき》』には、「源氏嫡流の祖」ともいえる源義家が「七代の子孫が天下を取る」との言葉を残したが、その七代の子孫に相当するのは足利家時《いえとき》であって、しかし家時は「自分の代では機が熟していない」として、「私の寿命と引き換えに孫の代に託す」との遺言を残したという著名なエピソードが記されている。家時にとっての「孫の代」こそ尊氏なのだが、これなどは源氏嫡流工作の典型的な一事例で、しれっと足利家と源義家を直結させているところに意義がある。足利家がこのような努力を積み重ねなければならなかった理由は、頼朝が源義家の嫡子義親《よしちか》の子孫であるのに対し、足利家は義家の庶子義《よし》国《くに》の子孫であるという血統上の弱点があったからである。

北朝の軍隊

足利家は、武家社会内部の血統観念のみでは唯一無二の存在たる棟梁として君臨できなかったのである。であるならば、それに加えて自身の軍事行動を正当化する別の論理が求められる。その「別の論理」こそ持明院統の担ぎ出しであった。

川合氏によると、足利軍が軍事行動を起こす際には一定の法則があったという。足利軍は後醍醐（及び南朝）勢力と戦う場合、「治罰《ちばつ》の綸旨」発給、「錦《にしき》の御旗《みはた》」付与、「御小袖《おんこそで》」（足利将軍家に代々伝えられていく鎧《よろい》）着用を定型化させており、それは相手が「朝敵」のときの作法化された様式といえる。つまり、「南朝は「朝敵」であり、足利軍は正当（正統）な天皇家（持明院統＝北朝）の命令によって行動しているのである」という体裁を整えて軍事活動を展開したのである。

尊氏や直義は足利軍を「北朝の軍隊」として厳密に位置づけながら南北朝内乱を戦い抜いた。そして南北朝内乱が長期化していく過程で、「足利軍は「北朝の軍隊」である」という認識は社会的に定着していった。結果的に足利軍は自らを「北朝の軍隊」と位置づけることで政権樹立に成功したといえる。

立場を持明院統天皇家に移すと、足利軍が北朝（持明院統）を擁立したことで、「後醍醐対足利軍」の争いは「南朝対北朝」という構図に装いが改められ、持明院統は内乱の主役の一角として表舞台に引きずり戻されたということになる。視角を変えて評価するならば、後醍醐による建武の新政の失敗が持明院統を再浮上させたということもできる。

2　正平の一統と伏見宮家

南朝浮上のメカニズム

足利尊氏は北朝を推戴《すいたい》したことにより、後醍醐率いる南朝と全面対決することとなったとはいえ、実質的な決着は尊氏勝利で早々についた。本書の趣旨から逸《そ》れるので、その詳細を記すことはしない。本書の視点として重要なのは、実質的なケリがついて以降の展開である。軍事的な全面衝突においては、総体的に見て圧勝した足利軍（室町幕府軍）であったが、南朝勢力を殲滅《せんめつ》することはできなかった。それどころか、瀕死《ひんし》の体《てい》となった南朝の驚異的な生命力に、何度も苦汁をなめさせられた。

例えば、初期室町幕府の重要幕閣の一人として、仁木義長《にっきよしなが》という人物がいた。足利一門の末流で三河《みかわ》・伊賀《いが》・伊勢《いせ》の守護となった大物である。この義長は、同じく幕府の重臣たる細《ほそ》川清氏《かわきようじ》や佐々木導誉《ささきどうよ》らと対立して没落を余儀なくされたが、その際には南朝に降《くだ》り、それにより南朝は息を吹き返した。

細川京兆家略系図

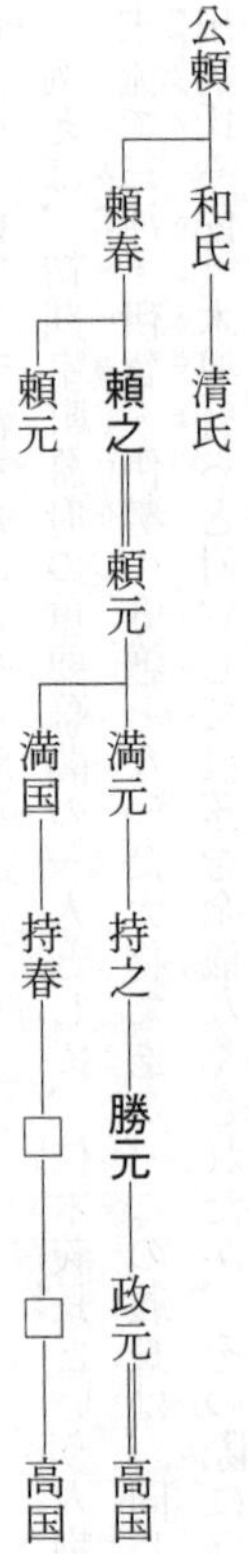

同様のことが、仁木義長を追い落とした細川清氏にも発生している。細川氏は足利一門として子孫は代々管領家《かんれいけ》（管領は将軍を補佐して幕政を統括する役職）として守護大名中、最大の勢力を誇った家で、応仁の乱において東軍の将となった有名な細川勝元《かつもと》は清氏の従兄弟頼《より》之《ゆき》（八四～八六頁参照）の子孫にあたる。その細川氏も南北朝期にはいろいろと政争を繰り返していた。清氏については、仁木義長追い落としでは共同戦線を張った佐々木導誉と対立することとなった。この際の清氏も、義長と同じく南朝に降るという選択をした。そうなると、やはり南朝は一時的に活況を呈すのである。

要するに幕府で内部分裂が起こると、非主流派となった勢力は南朝と結ぶのである。そして、それら仁木義長や細川清氏のような存在が、南朝にとってはカンフル剤として作用した。少し時代を先取りすることになるが、尊氏の孫である義満《よしみつ》の時代に南北朝は一統され、南朝は消滅する。それでも南朝に連なる勢力は、その後も各地に潜在していて、研究史上、

「後南朝《ごなんちょう》」と呼ばれる。この後南朝もまた、時々カンフル剤を得ては元気を取り戻し、驚異的な生命力で幕府の手を煩わせた。これも詳細は省くが、嘉吉《かきつ》元年（一四四一）に将軍足利義教《よしのり》が暗殺された嘉吉の乱や、同三年に三種の神器が内裏から強奪された禁闕《きんけつ》の変においては、南朝後胤《こういん》の関与が取《と》り沙汰《ざた》された。いずれも幕府に不平を抱く勢力によって南朝皇子（及びその子孫）が旗印として担がれたのである。「反幕府（及び反主流派）的動向が発生すれば南朝（及び後南朝）が浮上する」という法則が一五世紀後半まで、確かに存在した。こうして南北朝対立の構図は解消されず、長期化するのである。

正平の一統

「反幕府（及び反主流派）的動向が発生すれば南朝（及び後南朝）が浮上する」という出来事の中でも、最も幕府にダメージを与えたのが、いわゆる「正平《しょうへい》の一統」である。時計の針を戻そう。貞和《じょうわ》五年（一三四九）末、高師直《こうのもろなお》（足利家の執事で尊氏の最側近）と対立した足利直義が出家したことに端を発し、室町幕府は二分されることとなった。観応《かんのう》の擾乱《じょうらん》である。当初、劣勢に立たされた直義は高師直に対抗すべく、例によって南朝と提携した（表面上は降伏という手続きが取られた）。南朝との提携が奏功したのかどうかはわからないが、ともあれ、やがて直義は盛り返す。観応二年（一三五一）八月には直義が本格的に攻勢に出たことで、師直とそれを支持する尊氏は窮地に陥った。そして、やはり例によって、尊氏は直義との対決に集中すべく、南朝と和睦《わぼく》した（これも表面上は降伏という体裁）。観応の擾乱により足利家の主要人物は代わる代わる南朝へと接近した。

特に将軍であり、北朝を推戴する主体に他ならない尊氏が（体裁上とはいえ）南朝に降伏したことの影響は大きかった。尊氏の降伏は北朝の降伏である。降伏した以上、皇位は南朝に一本化される。そのことに尊氏は文句を言えない。観応二年一一月には南朝による北朝の接収が始まった。具体的には、年号が南朝の「正平」へと戻され、三種の神器も北朝から南朝のもとへ移された。足利家の分裂により、短期間とはいえ南朝が京都を回復したのであり、瞬間的に南北朝は一統され、それゆえこの出来事を「正平の一統」という。

北朝皇族の連行

しかし、一瞬だけ南朝が京都を回復したことだけなら、北朝（あるいは室町幕府）にとって、さほど大きなダメージにはならない。正平の一統は、むしろ、その破綻《はたん》後の展開にこそ大きな影響を及ぼした。尊氏が政敵となった直義を討つための便宜の上に成立した一統なのだから、直義が討たれると崩壊する運命にあった。翌年閏《うるう》二月には足利軍と南朝の和睦状況は、改めて完全破綻し、南朝は吉野へ撤退することとなった。問題はその際に、南朝勢力が主だった北朝皇族を自らの陣地に連れ去ることを、足利軍が防げなかったことにある。南朝の京都撤退に際し、北朝主要皇族は軒並み拉致《らち》されてしまった。

拉致された主要皇族とは光厳上皇・光明《こうみょう》上皇・崇光《すこう》上皇（一統までは天皇）に加えて直仁《なおひと》親王（花園天皇の皇子で、一統までは皇太子）である。南朝への対抗上、足利家（あるいは室町幕府＝北朝の軍隊）はどうしても北朝を推戴しなければならなかった。しかし、肝心の推戴すべき北朝の人物が、ほとんど存在しなくなってしまった。大問題である。そこで幕府は迅速かつ強引に解決を図った。拉致を免れた崇光の弟を後光厳《ごこうごん》天皇として即位させたのである。本書の趣旨に照らし合わせれば、崇光（兄）の系統と後光厳（弟）の系統の二分裂が発生したという点が重要である。正平の一統の破綻により後光厳という新たな皇統が誕生したのであり、「反幕府（及び反主流派）的動向が発生すれば南朝（及び後南朝）が浮上する」という

天皇家略系図④

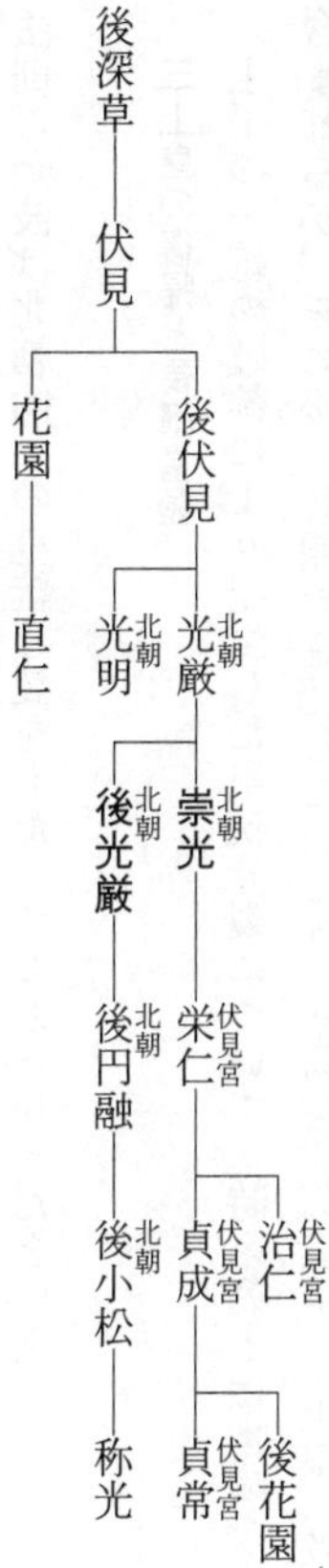

法則の余波は北朝内での皇統分裂をもたらすこととなったといえる。

三上皇の復帰と長講堂領

正平の一統の破綻により発生した皇統分裂について、時系列上は本論を先取りする部分も含まれるが、その後の展開を確認しておこう。拉致された側の三上皇（及び直仁親王）にとって、様々に苦しい思いをしたであろう軟禁生活であったが、当然のことながら軟禁し続ける側にも相応の経済的負担はのしかかる。幕府は後光厳の擁立を実現させたことにより、もの見事なまでに三上皇の存在を無視することとなる。史料上、幕府が南朝と三上皇の帰還について交渉したという様子はほとんど窺《うかが》えない（水面下での駆け引きはあったのかもしれないが）。三上皇の解放は、政治的駆け引きの道具としての意味をなさなくなったのである。

となると、南朝にとって三上皇の生活費を工面することは、ただただ負担でしかなくなる。もはや三上皇に人質としての価値を認めなくなった南朝は、文和《ぶんな》四年（一三五五）、一足先に光明上皇を解放すると、延文《えんぶん》二年（一三五七）には光厳・崇光・直仁が解放され帰京した。そうなると、どうなるか。崇光上皇と後光厳天皇との関係が微妙になるのである。風来坊の長男が突如として家に戻ってきたときの、家を継いでいた次男の当惑を想像してもらえれば、おおよそのイメージは摑《つか》めるだろう。

しかも、そもそも北朝天皇家の嫡流は崇光院流である。皇位こそ後光厳のもとに移ったとはいえ、天皇家財産についての処分権は依然として崇光上皇のもとにあった。北朝天皇家領の大部分を占めたのが長講堂領（二九頁参照）であるが、その処分権は崇光上皇が光厳法皇から受け継いでいた。それゆえ崇光上皇は強い発言力を有し続けた。また、長講堂領の一部は、拉致された崇光らの無事を祈るべく伏見《ふしみ》に創建された大光明寺《だいこうみょうじ》に寄進され、それが「伏見御領」として崇光の子孫に伝えられることになった。潤沢な経済基盤を背景に、崇光上皇は北朝本来の正統として存在感を示し続け、北朝内部の人間関係は微妙なものとなった。

崇光・栄仁

当人の立場に立って想像すればあまりにも当然のことだが、崇光上皇は終生、自身こそ北朝天皇家の正嫡だという自負を持ち続け、後光厳の次には自身の嫡流子孫に皇位が戻るのが筋であるとの考えを持っていたようだ。それゆえ応安《おうあん》三年（一三七〇）八月に後光厳天皇の譲位問題が発生すると、崇光は子息栄仁《よしひと》の即位を主張した。しかし、幕府にとって崇光はすでに〝過去の人〟であり、いまさら皇統を再び錯綜させるような判断をとらなかった。後述するように幕府内部でも意見対立はあったものの、結果として幕府は後光厳の皇子を即位させるという選択をした。後円融《ごえんゆう》天皇である。

ここに及んで、さしもの崇光上皇も時代の趨勢《すうせい》を悟ったらしく、永徳《えいとく》二年（一三八二）に後円融が退位し、その皇子の幹仁《もとひと》が後小松《ごこまつ》天皇として即位する際には、ほとんど意見表明をしなかった。崇光院流は、完全に〝圏外〟であることを宣告されたのであり、崇光は崇光院流全体が凋落《ちょうらく》していく様を目の当たりにしながら晩年を過ごすこととなった。

このように不遇な境遇のまま生涯を終えた崇光上皇であったが、それに輪をかけて不遇をかこったのが、その皇子である栄仁親王である。応永《おうえい》五年（一三九八）に崇光上皇が崩御すると、時の室町殿《むろまちどの》（足利将軍家の家長）であった足利義満は、ここぞとばかりに崇光の所領を召し上げ、後小松天皇の所管に移してしまったのである。それまでは「皇位（天皇家の公的側面）は後光厳院流、北朝天皇家財産の継承者（天皇家の私的側面）は崇光院流」というねじれ状態にあったのだが、義満は力業でそのねじれを解消してしまったのである。

この時期の室町将軍の朝廷や天皇家への措置にいかなる制度的正当性があったかを見出そうとするのはナンセンスである。「室町殿の命令には逆らえない」という社会的合意だけが、義満による所領召し上げを合理化した。そのような義満のブルドーザー政策に飲み込まれた栄仁は、ついに皇位に即くこととなく一生を送ることとなり、京都南郊の伏見で隠棲《いんせい》同然の日々を過ごした。以後、崇光院流は「伏見宮家」と称されるようになる。

貞成・彦仁

栄仁の跡を継いだのはその嫡子たる治仁《はるひと》王である。その治仁が早世したことで、弟の貞成《さだふさ》王が伏見宮家を継承した。すっかり傍流として扱われるようになった伏見宮家であるが、貞成もまた、自家こそが北朝天皇家の嫡流であるとの強い正統意識を持ち続け、皇位回復を悲願としながら、エネルギッシュかつ飄々《ひょうひょう》と長命の天寿を全うした。中世史研究者、なかでも室町時代前期を専門とする研究者は、貞成について非常に詳しい。なぜならば、貞成は『看聞日記《かんもん》』という、貴重な日記を残しているからである。貞成は応永二三年（一四一六）から三二年間にわたって日記を書き続けた。市井の生活や下世話なスキャンダルなどもいちいち書き記されている『看聞日記』は、一四〇〇年代前半の政治史を知る上で不可欠の基礎史料でもある。

貞成は八五歳で大往生を遂げたが、それだけの生命力のある人物であるから、その生命力が種々の幸運を引き寄せた。貞成には夭折せずに成人した男子が複数いた。この時代の天皇家や将軍家を検討していると、心身ともに健やかな複数の男子に恵まれるということは、それ自体が非常に大きな能力であり、選ばれし星のもとに生きていることの証明であったのだと感じさせられることが、時々ある。

貞成の幸運の背景には複数の成人できる男子に恵まれるという生命力があるのだが、貞成の幸運とは、ずばり、皇位が自己の血脈に舞い戻ってきたことである。応永一九年（一四一二）、後小松天皇は皇子に譲位した。その称光《しょうこう》天皇は正長《しょうちょう》元年（一四二八）に皇子に恵まれないまま死去してしまう。兄弟にも子がなく、後光厳の血脈は、ここで途絶えてしまったのである。そこで貞成の子息である彦仁《ひこひと》王が後小松上皇の猶子《ゆうし》（養育関係のない、名目上の養子）として即位することになった。彦仁が後花園《ごはなぞの》天皇として即位することにより、伏見宮家から天皇を出すという悲願はひとまず達成されたのである。

また、貞成には彦仁の他にも男子（貞常《さだつね》親王）があり、こちらが伏見宮家を継いだ。貞成に男子が二人いたからこそ、スムーズに事が進んだのである。貞成の子である彦仁の代に至り皇位に返り咲いた崇光院流は、南北朝期を通じて公武社会の重要な脇役であり続けた。

南北朝期の皇統分裂の問題を簡単に振り返ろう。後醍醐の政策が社会の支持を失ったことにより政局が混乱すると、足利尊氏は持明院統を擁立することとなり、北朝が成立した。そのことが大覚寺統と持明院統という皇統の分裂をいっそう固定化させた。南朝が勢威を失ったあとも分裂状況が解消するようなことはなく、幕府内部の混乱が南朝を浮上させたり、あるいは、北朝内部における皇統分裂を招くなど、皇統の分裂状況は絶えず再生産されたのである。

3　光厳上皇の生涯と皇位観

光厳天皇の践祚

天皇家が北朝と南朝に分裂して争いを繰り広げたのが南北朝の内乱である。とはいえ天皇家の分裂状況は決して珍しい事態ではなく、むしろそれが常態ですらあったことを、縷々ここまで述べてきた。ただし南北朝の天皇たちは、その相克により直接的な武力抗争の場に引きずり込まれており、そこにこの時期の特異性がある。時計の針を鎌倉幕府滅亡時点に戻そう。この時期の天皇家の主役は、言うまでもなく大覚寺統の後醍醐天皇である。しかし、もう一方の当事者、持明院統の光厳天皇もまた、運命に抗いながら、抗えば抗うほど翻弄《ほんろう》され続けるという、なかなか濃い人生を送った。

元弘元年（一三三一）、いわゆる元弘の変により鎌倉幕府は後醍醐天皇を処分した。それに伴い、皇位は量仁《かずひと》親王へと移る。こうして誕生したのが光厳天皇である。ただし、三種の神器は後醍醐が大和国《やまとのくに》へと持ち去っていた。光厳は三種の神器を譲渡されることなく登極することとなり、後伏見上皇の詔《みことのり》が践祚《せんそ》の正当性となった。その後の光厳天皇の行く末を暗示するような波乱の登極である。ともあれ、元弘の変により光厳の即位は早まった。

問題は三種の神器の行方《ゆくえ》であったが、三種の神器の返還をあくまで拒否する後醍醐に対し、持明院統は敏腕公卿の日野資名《すけな》を介して移譲を要請した。やがて鎌倉幕府の追討軍が入京することとなるが、この段に至ってもなお、後醍醐は三種の神器の引き渡しを渋り、一〇月になってようやく剣璽《けんじ》の引き渡しに応じたものの、後醍醐は最後まで退位に抵抗した。光厳天皇は後醍醐からの譲位ではなく、鎌倉幕府の強制力により誕生した天皇といえる。

第一の地獄変

波乱含みの状況の下で即位した光厳天皇を、飯倉晴武氏は「地獄を二度見た天皇」と評した。飯倉氏の著作を参考に、光厳院の「地獄変」を見ていこう。光厳天皇にとって「第一の地獄変」とされる出来事は、鎌倉幕府の滅亡である。隠岐に流された後醍醐が脱出して討幕運動を展開し、幕府軍から転身した足利尊氏により六波羅探題が攻略されると、にわかに光厳天皇の身の周りが騒がしくなる。後醍醐にとって鎌倉幕府は不倶戴天《ふぐたいてん》の敵である。その鎌倉幕府により擁立された光厳もまた、後醍醐には敵対勢力でしかなかった。身に危険が迫った光厳天皇は、主要皇族とともに幕府軍に連れられ京都を去ることとなる。そして、近江番場《おうみばんば》の宿《しゅく》で後醍醐方に追い詰められた北条氏勢力の武士が「もはや、これまで」と集団自害するのを目の当たりにすることになった。光厳天皇は六波羅探題滅亡による阿鼻叫喚《あびきょうかん》を自ら実見したのである。

やがて後醍醐は元弘三年（一三三三）の六月に京都を回復すると、皇位が自らのもとにあることを宣言した。具体的には光厳天皇時代の年号である正慶《しょうきょう》二年は元弘三年に戻され、さらに光厳天皇時代の人事が全て無効化された。要するに、後醍醐天皇は復位（あるいは重祚《ちょうそ》）したのではなく、「光厳天皇など存在しなかった」ということにされてしまったのである。鎌倉幕府の主導権により後醍醐の皇位を継いだ光厳は、鎌倉幕府を滅亡させた後醍醐により皇位を奪われた、あるいは、皇位にあったという事実を抹消されたのである。これが光厳天皇の「第一の地獄変」である。

第二の地獄変

次に「第二の地獄変」を見てみよう。光厳院は、どこまでも武家と後醍醐（南朝）との抗争に翻弄され、安寧を失うのである。観応二年（一三五一）、高師直と足利直義の抗争が激化し、尊氏が師直派についたことで全国的動乱へと拡大した観応の擾乱。その過程において、直義との対決のために尊氏が南朝に降伏し、南朝によって北朝の天皇・皇太子・年号が廃される。先に詳述した正平の一統である。そして、これもすでに述べたように、尊氏が直義を降したことで早々に南朝と尊氏の関係が破綻すると、光厳院以下の主要皇族は南朝により連行されてしまう。光厳院は鎌倉幕府により擁立されたことで後醍醐軍との合戦の現場に引きずり込まれ、室町幕府により推戴されたことで南朝軍に拉致され、吉野という見知らぬ山奥での軟禁生活を余儀なくされたのである。

光厳院は最終的に大和国賀名生《あのう》に移送されたが、その際、お付きの女房（貴人に仕える女官）は一人だけしか参候を許されなかったという。おそらく南朝の経済的な事情によるものであろうが、仮にも治天《ちてん》の君《きみ》であった人物の身の周りの世話をする女房が一人しかいないのである。先祖代々の家業を生業《なりわい》とし、幼い頃から家政婦に囲まれて育った富裕な中年男性が、経営を任せていた番頭格の裏切りにより一文無しとなり、収入が大幅に下がる再就職先で単身の海外赴任を強いられたようなものである。まさに「地獄変」であろう（晩年の光厳院やその弟の光明院は洛外で静かな隠棲生活を送ったが、それはこのときに「（ほぼ）一人暮らしのハウツー」を身につけたから可能になったのかもしれない）。

光厳天皇は、後醍醐との争いで皇位を失い、そして後醍醐後裔《こうえい》との争いにより治天の君の座さえ失うという、運命に翻弄された人生を送った天皇であった。

崇光院流への思い

延文二年（一三五七）の二月に京都へと帰還するまでの間、光厳院は大和国・河内国《かわちのくに》の山奥で何をしていたか。端的に述べるならば、琵琶を弾いていた。といっても趣味娯楽として音楽に浸っていたわけではない。持明院統（北朝の前身）の正嫡たる光厳院にとって琵琶とは政治的営為に他ならなかった。すでに述べたように、琵琶とは持明院統においてことさらに重視された楽器で、皇統の象徴という意味合いさえ帯びていたからである。そんな琵琶に関して、光厳は暦応《りゃくおう》二年（一三三九）に最秘曲「啄木《たくぼく》」を伝受した。いわば免許皆伝である。そして光厳は琵琶を「伝受」する側から「伝授」する側へと変化する。琵琶を光厳院自ら伝授するということは、持明院統正嫡の座を伝受者に託すという政治的意義を持ったが、幽閉中の光厳院は、せっせと崇光院に対して琵琶の秘曲を伝授していった。延文元年（一三五六）に秘曲伝授が完了すると、その半年後に光厳上皇は出家し、法皇となった。

皇統の正統性を第一皇子の崇光院に伝えたことで世俗に未練がなくなり、出家後は禅道に没入し、晩年の光厳院は運命を達観するようになっていったとの評価もあるが、おそらくそのようなことはない。光厳院は最後まで嫡子崇光の復権を望み続けていた。皇位継承を「世俗のこと」と表現するのが適切かどうかは不明だが、「政治的なこと」に執念を燃やし続けたことは間違いない。光厳院は、「後光厳はあくまで緊急避難的な中継ぎに過ぎない」との認識にあり、皇位は正嫡の崇光の系統に戻されるべきという考えを死ぬまで変えることはなかった。その証拠に、光厳院は後光厳のことを持明院統の後継者として処遇することはいっさいなく、所領・琵琶・文書などは全て崇光の系統に留め置いたのである。当然ながら、そのような仕打ちに後光厳天皇は反発する。光厳と後光厳の親子関係は冷淡化の一途を辿っていった。

花園天皇との関係

下の子の後光厳を中継ぎの傍系扱いし、上の子の崇光を正嫡視した光厳であったが、しかし、崇光とて光厳院の本命ではなかった。光厳院は、皇位について非常に情熱的で、かつ、トリッキーなプランを胸に抱いていた。話を光厳若年期にまで遡《さかのぼ》ろう。若かりし頃の光厳は、同じ持明院統に属する花園天皇の薫陶《くんとう》を受けていた。花園天皇とは、後伏見天皇の弟、つまり光厳院の叔父であり、後伏見が一四歳で後二条天皇に譲位する際、急遽《きゅうきょ》、皇太子に立てられた人物である。

花園天皇については同時代を生きた後醍醐天皇と好対照な人物として、その個性が注目されてきた。勅撰集《ちょくせんしゅう》『風雅《ふうが》和歌集』の完成に尽力するなど和歌に造詣《ぞうけい》を深め、また和漢の学問にも通じており、さらには禅宗にも深く帰依していた。花園は歴代天皇の中でも稀《まれ》なほど真摯《しんし》に学芸を修めた天皇であった。

好学の君主であった花園天皇は、文保の和談で後醍醐へと譲位する。皇位を退いた花園は、兄の後伏見院から、後伏見嫡子の量仁親王の教育を託された。この量仁親王が光厳天皇で、持明院統の正嫡である。大役を仰せつかった花園院は確固たる教育方針による英才教育を量仁に施した。特に琵琶を重視しており、その成果は先に述べた通りである。さらに花園院は『誡太子書《かいたいしのしょ》』を執筆し、君主としての基本理念を光厳院に伝えた。光厳院は花園から帝王学の英才教育を受けて育った。そのような叔父に対して光厳院は畏敬《いけい》の念を隠さなかった。もちろん、恩師への敬意を胸に抱くだけなら、ごく普通の話である。光厳院が情熱的でトリッキーなのは、花園院への思いを皇位継承計画として表現したところにある。

直仁への禅譲意思

康永《こうえい》二年（一三四三）の四月、光厳院は第一皇子の興仁《おきひと》親王（崇光天皇）に置文《おきぶみ》を認《したた》めた。この場合の置文とは現代風にいえば遺書のようなもので、遺産相続などについて記した文書を指す。三十路《みそじ》に突入するかどうかのタイミングで、我が子が皇位に即くのに先立ち与えた置文なので、この場合、遺書というより、「申し送り書」といった方が適切かもしれないが、その内容が、なかなか衝撃的である。そこに記されていたのは「皇位や所領について自ら（光厳院）の子孫が継承するのは崇光までで、崇光の死後は花園院の嫡子たる直仁に皇位を継承させ、皇統を花園の系統に戻しなさい」というものであった。父親が長男に、「うちの財産はおまえの子孫には相続させず、私の従弟に譲りなさい」と命じたのであり、筆者の常識ではなかなか理解しがたいところがある。

この方針に対して崇光がどのようなスタンスであったかは残念ながら不明である。なぜならば正平の一統とともに光厳院のプランも破綻したからである。光厳院も崇光院も南朝により連行されてしまい、幕府は後光厳を擁立した。なお、光厳や崇光とともに連行されたのが直仁である。正平の一統までは崇光が皇位にあり、直仁が東宮であったが、正平の一統で南朝に皇位が移動し、崇光は退位させられ上皇となった。直仁も皇太子の座を追われたので、高校日本史の教科書などでは「直仁廃太子」と記されることがある。

ともあれ、光厳が直仁を選んだ理由について、飯倉晴武氏は、「直仁は花園院の実子ではなく、光厳院の隠し子であった」と推測した。それに対して家永遵嗣氏は直仁の生母正親町《おおぎまち》実子《じっし》を介した直仁と尊氏との姻戚関係が重要だったのではないかとの新説を提唱した。実子の兄である正親町公蔭《きんかげ》の妻室は、足利尊氏妻室であった赤橋登子《あかはしとうし》の妹であったからである。核家族化が加速度的に進行する社会に生きる現代人の感覚からすると、有効な姻戚関係の範囲を少し広く捉えすぎのような感もなくはないが、前近代の人間関係は、それくらいの広がりを持って存在していたのかもしれない。

いずれにしても、光厳院は直仁の即位を計画し、皇位を花園の子孫に戻す決意をした。光厳院は運命に翻弄された悲劇の人物であったが、皇位にトリッキーな一家言を持つなど、一筋縄ではいかない人物でもあった。

4　光厳上皇と足利直義

康永三年の天竜寺御幸

光厳院は、やや癖の強い人物であったように思われるが、少なくとも南朝により幽閉されるまでは、家長として北朝天皇家をよく取り仕切っていた。それゆえ室町幕府としても、光厳院とは良好なコミュニケーションを維持していかなければならなかった。その様子を天《てん》竜寺御幸《りゅうじごこう》（御幸は上皇などの外出）を切り口に考えていこう。

ご存じの読者も多いかと思うが、いまや京都嵐山《あらしやま》の一大観光地となっている天竜寺は、もともと足利尊氏が後醍醐天皇の冥福《めいふく》を祈るために発願《ほつがん》した寺院である。とはいえ、足利将軍家なり室町幕府なりの事業として建立されたわけではなく、手続きとしては尊氏の奏上を受けた光厳院が院宣を発給したことで造営が決定した。天竜寺造営の形式上の責任主体は北朝天皇家だったのである。それゆえ落成供養（完成式典）をはじめとして、光厳院は北朝天皇家家長としてしばしば天竜寺に御幸した。

康永三年（一三四四）にも光厳院は天竜寺御幸に赴いた。光厳院が御所を出発したのは九月の一六日であったが、その前日から光厳院に近侍して御幸に相伴《しょうばん》した武士がいた。足利尊氏の弟直義である。

天竜寺に到着した光厳は、まずは焼香を執り行う。注目すべきは、光厳の焼香中、付き従った公卿連中の筆頭格であった洞院公賢《とういんきんかた》に連なるように、直義が「公卿末」に候じていたことである。この天竜寺御幸において直義がこのように振る舞ったのは、これだけではない。食事の際にも、やはり直義は諸卿ともども臨席していた。康永三年九月の天竜寺御幸で光厳院に供奉《ぐぶ》した直義はさながら公卿のように振る舞っていた。ちなみに「公卿」の「公《こう》」とは大臣（太政大臣・左大臣・右大臣・内大臣）のことであり、「卿《けい》」とは大納言・中納言・参議《さんぎ》、及び三位《さんみ》以上のことである。

直義の任参議と光厳院

直義ともども光厳院が天竜寺より帰ってまもない康永三年（一三四四）九月二二日、直義の昇進が取り沙汰された。このあと述べるように参議への昇進が諮《はか》られたようだが、結果的にこのとき直義は従三位《じゅさんみ》への上階だけを受諾し、一〇月一四日に光厳院のもとへと参仕し、謝辞を述べた。直義は天竜寺御幸の直後に参議格である三位の地位を得たのである。

では、なぜこのタイミングで直義は参議へと昇進したのであろうか。洞院公賢の日記『園《えん》太暦《たいりゃく》』の康永三年九月二三日条には、このときの詳細が記されている。それによると、大前提として直義本人は参議あるいは参議格への昇進を望んでいなかったらしく、当初は朝廷からの申し出を固辞したらしい。その後も特に参議に昇進した形跡はないので、乗り気ではあったがいったんはお断りするという日本人的な儀礼的所為などではなく、実際に「私はそういう立場でございません」と考えていたのであろう。あるいは「そういう立ち位置にあるのかもしれませんが、あれこれ考えると、武士である私はそうしない方が無難でしょう」くらいの感覚だったのかもしれない。とにかく直義は昇進提案に及び腰だった。

しかし、直義本人にその気がなくとも、周囲がそれを許さない。なぜならば、この頃の直義はいつも光厳院の側近くに仕えていたからである。天皇や上皇の側近くに仕えるというのは、行動実態としてもはや公卿のそれと同じなのである。つまり直義は、公卿でないにもかかわらず、公卿として行動していたことになる。天竜寺御幸において直義が「公卿末」に列席していたことを思い出されたい。

となると必然的に、公家社会の作法から逸脱する直義の立ち居振る舞いが後ろ指を指されることになる。光厳本人は上皇であるので厳密には当てはまらないが、もし誰かが天皇に近侍しようとすれば、内裏に堂上できる資格が必要となり、そのためには三位以上でなければならなかった。官職としては参議が三位に相当する。任参議が取り沙汰された理由は天皇家に近侍していたからであり、天竜寺御幸供奉の褒賞のようなかたちで直義が従三位に上階したのは、実態と表向きの落差を埋めるための措置だったといえる。

擾乱中の直義と光厳院

要するに、直義と光厳院は仲が良かった、という話である。二人は仲良しだったので、一緒にいることも多く、であるならば直義には公家社会における相応の地位にあることが望ましく、本人の固辞にもかかわらず出世させられたのである。

そして仲が良かったゆえ、光厳院は直義がピンチに陥ったときも、可能な範囲内で直義に味方しようとした。直義のピンチとは、改めて説明するまでもなく、足利家の執事であった高師直との対立である。高師直と直義は、政治方針の違い、あるいは支持勢力の違いにより、破滅的に対立してしまう。尊氏としては信頼する執事と実の弟が政治対立したのだから、非常に困ったことであろう。とはいえ、嫡男義詮《よしあきら》の行く末なども考慮してか、尊氏は師直寄りの立場をとった。将軍家が兄と弟で分裂し、それは室町幕府自体を二分させることとなり、その影響は列島全体に波及した。いわゆる観応の擾乱である。

観応の擾乱における直義の消長を振り返ると、直義は貞和五年（一三四九）一二月に師直の圧力により雌伏を余儀なくされ、出家を遂げる。しかし、観応二年（一三五一）二月には勢力を盛り返し、軍事的優位に立った。直義はこの擾乱で一時的に失脚し、一時的に復権したのである。ここでは復権したときの公家社会の反応を見てみたい。

観応二年正月、直義軍が尊氏軍を撃破すると、一敗地にまみれた尊氏は播磨《はりま》へ逃れた。尊氏を放逐した直義は入京を果たし、前出の貴族洞院公賢は「天下静謐《せいひつ》」を祝す賀使を派遣した。しかし、実は当初、公賢は賀使の派遣に慎重だったようだ。しかし公賢が逡巡《しゅんじゅん》しているうちに、さっさと光厳院が直義のもとへ賀使を派遣してしまい、それに公賢も追従せざるをえなくなったらしい。慎重な公賢に対して、光厳院は前のめり気味に直義への賀使を派遣したのであり、直義の復権を誰よりも早く祝福したかったのであろう。観応の擾乱における動向からは直義と光厳院の親密さが窺えるのであり、光厳院は直義のことを厚く信頼していたのである。

土岐頼遠事件

光厳院と足利直義の関係性は、『太平記』中の著名なエピソードからも窺える。土岐頼遠《よりとお》が光厳院に矢を射かけたという、あのエピソードである。

土岐頼遠とは南北朝期の幕府を支えた有力武将で、出身地たる美濃国《みののくに》の守護でもあった。

『太平記』などにおいて佐々木導誉や高師直と並ぶ「バサラ大名」の代表格として知られた頼遠が主役として取り上げられるのは、康永元年（一三四二）九月に新日吉社《いまひえしゃ》での笠懸《かさがけ》（馬上から遠距離の的を射る武芸）を終えて夜には酒宴で盛り上がった帰り道、光厳院の行列に遭遇した頼遠が、酩酊《めいてい》に任せて「誰？　イン（院）？　イヌ（犬）？」と発言し、「犬であれば笠懸の続きをしようじゃないか」とばかりに光厳院に向けて矢を射かけたというものである。

土岐頼遠は光厳院に前代未聞の狼藉《ろうぜき》を働いてしまった。

酔いが覚めて、お祭り気分も収まると、さすがの頼遠も我に返ったらしい。あるいは周囲から事の重大さを突きつけられたらしい。頼遠はそそくさと領国である美濃へと逃げ帰った。その上で、改めて状況が整理されたのであろう、頼遠は再び上洛した。助命を嘆願するためである。仲介したのは尊氏の信任厚い禅僧の夢窓疎石《むそうそせき》であったが、命乞《いのちご》いが奏功することはなく、頼遠は空《むな》しく斬首《ざんしゅ》に処されることとなった。

本書の観点から重要なのは、このとき、頼遠の斬首を決定した判断主体が足利直義であった点である。土岐頼遠事件とは、光厳院への不敬を直義が処分した出来事であったといえる。そして、『太平記』に記されたこの著名なエピソードは、それを単体として読むのではなく、直前の説話と並べることで、本質がより深く理解できる。

宝剣説話と直義

『太平記』には土岐頼遠事件の直前に以下のようなエピソードが記されている。すなわち頼遠が光厳院に矢を射たのと同じ康永元年（一三四二）のこと、直義はにわかに邪気に襲われ、悶《もだ》え苦しみ、瀕死の重態に陥る。高僧や陰陽師《おんみょうじ》がこぞって祈禱し、あらゆる薬効秘法で対症を図ったものの効果はなく、病は日に日に重篤化して、もはやそれまでという状況となった。京中では、平重盛《しげもり》（清盛《きよもり》の長男で、『平家物語』などでは冷静沈着かつ温厚な人物だったとされる）が青年期に急死して命運尽きた平家のような状況になるのでは、との噂で持ちきりとなり、仮にそんなことになれば、今まで以上に政道は空洞化するのではないかと、貴賤《きせん》は悲嘆に暮れた。直義の病状はやがて仙洞御所《せんとうごしょ》（上皇の住まい）にも伝えられ、大いに驚いた光厳院は自ら願文《がんもん》を認《したた》めて勅使を石清水《いわしみず》八幡宮に派遣する。勅使の三条西公時《さんじょうにしきんとき》は願文を開いて神前に跪《ひざまず》き、涙ながらにそれを読み上げると、石清水のあらゆる神殿が鳴動して、本殿の妻戸《つまど》（扉）が開く音がほのかに聞こえてきた。それは「君臣合体」を神が感じて救いの手を差し伸べたことの兆しで、勅使が帰洛して三日ほどで直義はすっかり平癒したという。

この説話は何を意味しているのだろうか。直義が平癒したのは「君臣合体」の証《あかし》であるという『太平記』の筆致に注目したい。土岐頼遠事件と本説話を並べて読むと、次のような構図が浮かび上がる。まず、頼遠事件では光厳院の権威を損ないかねない頼遠の不敬に対して、当時の幕政を司《つかさど》っていた直義が政治的な意味で光厳院を救ったという内容である。そして、本説話は、光厳院が霊力をもって直義を救ったという内容である。天照大神《あまてらすおおみかみ》の子孫として、研究者によっては「祭祀王《さいしおう》」と位置づけられる天皇家にとって、宗教的霊力は、その権威の源泉ともいえる。

二つのエピソードは「直義が天皇家権威を守り、光厳院はその天皇家権威の源泉たる宗教的霊力によって直義を守った」という相互関係を与えられて配置されているといえよう。そして、そのような光厳院と直義の関係を『太平記』は「君臣合体」と表現するのである。

光厳院の宿意と直義の協力

『太平記』に見られる光厳院と足利直義の「君臣合体」が政治的営為として具体化したのは、すでに詳述した、光明天皇から崇光天皇に皇位継承する際に直仁を皇太子にするという、光厳院の計画の実現に際してである。

洞院公賢の日記『園太暦』によると、皇位継承直前の貞和四年（一三四八）八月二八日、直義が光厳院のもとへと「参入」し、「東宮践祚・親王立坊事《りゅうぼうのこと》」（「立坊」は立太子のこと）を申し入れた。この日、直義は崇光の登極と直仁の立太子について、光厳院と打ち合わせをしたといえる。そして、その一週間後の九月五日、今度は、光厳院が「萩原殿《はぎわらどの》」（花園院）

を訪ね、直仁の立太子などについて相談をしたと『園太暦』には記されている。これら二つの記事から判断されるのは、崇光への譲位と直仁の立太子は直義・光厳・花園の三者により最終確認されたという事実である。皇位継承についてだけならば光厳と花園の二人が同意するだけで成り立つはずである。にもかかわらず、なぜその場に直義がいなければならないのか。

それは、一つには本書で縷々述べてきたように、中世においては皇位を決定する際に武家の同意を求めるという慣習があったからであろうが、それ以上に、経済的に武家の援助がなければ皇位継承諸儀礼が執行できなかったからだと思われる。慣習上の問題でなく、〝先立つもの〟の必要上、光厳院はどうしても武家の協力を必要とした。また、皇位継承を確認する場に直義がいたということは、費用や警備など物理的側面を武家が請け負うということに、室町幕府の実質的責任者たる直義がゴーサインを出したということである。そして直義のバックアップの甲斐《かい》もあって、貞和四年一〇月二七日には崇光天皇の登極と直仁の立太子がつつがなく実現した。

光厳院の皇位継承計画は直義の協力のもとに実現したのであり、光厳院と直義は「君臣合体」の関係にあった。この両者の関係は、その後の天皇と将軍の関係の萌芽《ほうが》とも評価でき、この点についておいおい論じていくこととなる。

第三章　後光厳院流と崇光院流

――室町時代前期

1　義詮・細川頼之と皇統問題

後光厳践祚後の朝儀

尊氏―直義期において、光厳院と直義とが「君臣合体」の間柄にあったことを述べたが、このような関係性は、次代以降、どのように継承されていったのであろうか。

まず前提として押さえておかなければならないのは、光厳院と直義の「君臣合体」関係は観応の擾乱により終焉《しゅうえん》を迎えたということ、そして擾乱の余波たる正平一統の破綻により、北朝天皇家は甚大なダメージを受けたということである。

正平一統までは光厳院が天皇家家長として相応のリーダーシップを発揮していた。当然のことながら、光厳院こそ「我が主」と感じる廷臣たちがほとんどであっただろう。突発的なアクシデントで後光厳天皇に北朝天皇家家長の座が移ったからといって、廷臣たちのそのような思いがすぐに消え去るわけはなく、「幕府がそう決めたのであれば、今後は後光厳天皇のために身を捧《ささ》げます」とはならなかったようである。そもそも同時代的には、そのまま後光厳天皇の体制が続くのか、やはり元のサヤに戻って光厳が復権するかといった判断がつくはずもなく、後光厳親政は求心力を著しく欠くこととなった。

松永和浩氏の所論によって話を進めると、北朝は後光厳を擁立して復活したあとも、人材難に苦しむこととなり、固定化された特定少数メンバーが後光厳期の朝儀をどうにか支えるというのが実態であったらしい。そのような状況に危機感を覚えた室町幕府は、朝廷政治への姿勢を一変させる。足利将軍家と北朝天皇家という「家」と「家」の枠組みでは直義と光厳院が「君臣合体」の関係にあったものの、この頃まで幕府が組織として朝廷という組織の政治運営に干渉するということはあまりなかった。しかし、幕府が組織として後光厳天皇を擁立した手前、その苦境を放置しておくわけにもいかず、朝廷政治にも積極的に関与する方針へと舵《かじ》を切った。軍事力・経済力などの実体的実力を背景に朝儀の開催を強請するようになったのである（社会的強制力のうち、権威や無形の伝統的影響力などを除いた、軍事力や経済力といった強制力を仮に「実体的実力」と表現する）。

幕府がそこまでしなければならないほど、後光厳親政の基盤は不安定なものであった。というよりも、廷臣からすれば、後光厳天皇に仕えるには、通常よりもずいぶんと高いハードルを越えなければならなかった。後光厳即位後の一〇年ほどというのは、南朝にも輝きが多少なりとも戻った時代である。その間、三度にもわたって北朝は京都を追われた。京都を回復した南朝は、都にいるのが北朝でも南朝でも大丈夫なように日和見《ひよりみ》を決め込む廷臣たちに対し、自らに忠誠を誓うよう求め、厳罰主義で対応するようになった。

である以上、廷臣としても覚悟を持たないと後光厳のもとへと駆けつけられない。それゆえ北朝としても生半可な態度で廷臣に接することができなくなった。南朝が〝show the flag（旗幟《きし》を鮮明にせよ）〟を突きつけたのであれば、北朝もまた同様な厳しさで対応しないと、ありていにいえば、廷臣から〝ナメられる〟のである。

後光厳天皇の求心力と内乱

前提として、後光厳天皇は、ただでさえ廷臣に〝ナメられる〟条件が揃《そろ》っていた。何度も繰り返してきたように、後光厳天皇は正平の一統が破綻し、南朝が北朝の光厳・光明・崇光院らを拉致したことを受けて、妙法院《みょうほういん》に入室予定だった光厳の皇子弥仁《いやひと》王を幕府が擁立したことによって即位した（五二〜五三頁参照）。そして、そのような緊急事態であったから、後光厳天皇の即位は「群臣議立」（臣下たちが一致団結して新たな天皇を即位させる）という体裁をとらざるをえなかった。しかも、この「群臣議立」という体裁での即位の先例は、継体《けいたい》天皇であった。継体天皇とは、最もわかりやすい表現で説明するならば「古墳時代の天皇」である。後光厳天皇は、突然、何百年も時空を飛び越えた先例に基づき即位したのである。なぜそういうことになったのか。

そもそも践祚《せんそ》のあるべき姿は、前天皇から「位を新天皇に譲る」という譲位宣命《せんみょう》を受け、同時に三種の神器を継承するというものであった。これらの手続きが瑕疵《かし》なく行われた天皇が、十全な正当性を帯びた天皇ということになり、逆にいえば、何らかの事情によりそれらが満たされなかった天皇は、常に自身の権威に不安を抱えながら治世を続けなければならなかった。

そのことを踏まえて後光厳の立場を振り返ろう。まず、正平一統の破綻後、京都を追われた南朝が三種の神器を親切にも京都に残しておいてくれるわけもなく、そのまま吉野の山奥へと持ち去った。そこは元弘の変において、あくまで三種の神器の返還を逃れようとぎりぎりまで抗《あらが》った後醍醐天皇の子孫である。ただし、三種の神器を欠いているだけであれば、まだ、なんとかなった。後鳥羽天皇の先例で合理化できるからである。

周知のように後鳥羽天皇は、安徳天皇が平家と運命をともにしたことにより即位した天皇であり、壇ノ浦《だんのうら》の戦いで三種の神器のうち宝刀も海の藻屑《もくず》と消えた。その不手際が源頼朝と義経《よしつね》の兄弟関係をぎくしゃくさせる一因となったことは有名な話であろう。このとき後鳥羽の即位を後押ししたのは、時の治天《ちてん》の君《きみ》であった後白河院の太鼓判であった。後白河院宣による譲位宣言が新天皇登極を正当化したといえる。

つまり、中世においては「治天の君（に準ずる上皇）の譲位院宣」においても新天皇の登極は正当化可能であった。しかし、後光厳の場合、後白河に相当する上皇は南朝が拘束してしまっていた。光厳院がベストであっ」ただろうが、光明院や崇光院の院宣であっても、どうにか正当性を確保できたかもしれない。それら該当者全員が大和・河内の山中に幽閉されていたのである。前天皇の譲位宣命も三種の神器もない。さらに治天の君（に準ずる上皇）も在京しない。新天皇を誕生させるための装置が、何一つなかったのである。

万策尽きかけるなかで、どうにか捻《ひね》り出されたのが「群臣議立」という継体天皇の先例だったのである。なんとか最低限のつじつま合わせはできたとはいえ、異例中の異例な形式で即位した後光厳天皇である。必然的に、その正当性の欠如を疑う視線に常に晒されざるをえなかった。要するに、廷臣たちに「所詮は正当性が不十分な天皇」として〝ナメられる〟のである。

後光厳期北朝の求心構造

しかし、後光厳天皇の権威が疑われ、廷臣たちの求心力を失うということは、北朝天皇家を担ぎ出すことによって、自らの存在を正当化してきた室町幕府（あるいは足利将軍家）にとっても、重大な問題であり、北朝の求心力を回復することは幕府にとっても喫緊の課題となった。先に、この時期、北朝も南朝同様に厳しい姿勢で廷臣に臨むようになったと簡単に述べたが、具体的には信賞必罰で廷臣の忠誠心を計るようになったのである。南朝に味方した廷臣には厳罰主義で、北朝に付いた廷臣には褒賞で、南朝からの帰参者には赦免で対応した。

北朝への忠誠心は、合戦時については、南朝に付いたか北朝に付いたかという、非常に単純な基準で弁別された。それに加えて平時においても廷臣たちは、その忠誠心を計られることになった。後光厳親政下の朝廷儀礼に労を惜しまず参加したかどうかまでが信賞必罰の対象となったのである。

朝廷儀礼が平時における信賞必罰の場となったことに注目したところが、松永和浩氏の所説の素晴らしいところであるが、氏の慧眼《けいがん》はこれだけにとどまらない。北朝による信賞必罰について幕府が実行力を担保したことにこそ、歴史的な重要性があると松永氏は強調するのである。

具体的には所領の給付や召し上げる際には強制力が不可欠であるが、それを担保したのが武家であった。南朝が息を吹き返しかけるなか、幕府としては軍事力を強化しなければならない。その幕府軍は、先に述べたように「北朝の軍隊」として軍事力を結集させていた。ゆえに推戴すべき北朝の権威向上が必要であり、そのために幕府は信賞必罰の実務を担ったのである。そして、そのような幕府の実力を背景に、後光厳天皇は求心力を涵養《かんよう》していった。ここまで述べてきた現象は、幕府でいえば二代将軍義詮《よしあきら》の時代に相当する。義詮期の幕府は、こうやって後光厳天皇を全面的にバックアップしたのである。

土岐頼康とは

大原則として後光厳院流を全面バックアップした室町幕府ではあるが、局面局面においては、多少の揺らぎもあった。後光厳の次期天皇をめぐり、幕府内でも路線対立が生じた。以下、山田徹氏の業績によって、路線対立の実態を見ていこう。キーマンは土岐頼康《よりやす》である。土岐頼康は先に光厳院への不敬事件で取り上げた土岐頼遠（七一〜七二頁参照）の甥にあたる人物で、父祖及び頼遠の死没により美濃国の守護職を継承していた。

室町幕府の守護には、在京して幕府の評定《ひょうじょう》に出仕するものと、そうでないものがいて、前者のことを大名《たいめい》と呼んだ。どちらが得かというと、幕政に直接関与でき、幕府という装置を我田引水的に活用できるのであるから、幕府が社会的装置として十全に機能しているのであれば、在京して「大名」としての任を負った方が得である。幕府の社会的機能が機能不全になれば負担だけが増えるので、在京する意義は薄まる。それゆえ応仁の乱後の守護たちは領国に下向していった。ともあれ、そういうわけで土岐頼康は、細川・山名《やまな》などと肩を並べる有力大名であり、特にその軍事力が期待されたといわれている。

在京することの多かった頼康だから、自然と京都での人脈も広がっていき、それは公家社会や寺院社会にも及んだ。公家社会との人脈については、例えば、今出川公直《いまでがわきんなお》という貴族と北小路教光《きたこうじのりみつ》という貴族の下部《しもべ》（家来のような存在）がトラブルとなった際、頼康はどちらの家とも交流があったので、その立場を背景にトラブルの調停を買って出た。また寺院社会との人脈については、春屋妙葩《しゅんおくみょうは》（夢窓疎石の甥で、臨済宗の僧）の後ろ盾として活躍したとされている。

応安の政変の背景

土岐頼康が支援していた春屋妙葩は夢窓疎石（七二頁参照）の後継者のような存在であったが、義詮死後の幕政を主導した細川頼之と対立して洛外に隠棲するなどした人物でもある。それゆえ、土岐頼康と細川頼之の関係性もそれなりに微妙だったらしい。両者の間の緊張感がピークとなったのは応安元年（一三六八）一一月のことである。都には「土岐頼康と、執事として幼少の義満の代行をしている細川頼之とが、雌雄を決すべく武力衝突するのではないか」との噂が充満していた。それ以前から頼康と頼之の間柄は、それぞれのシンパを巻き込みながら、さながら派閥対立のような様相を呈していたという。

義満の代行者たる頼之は、意欲的に執政に臨んだが、将軍を思っての意欲的な執政が結果として守護の利益に反してしまうことも多々あったらしく、土岐頼康には少なからぬ守護大名たちが味方した。とはいえ、のちに「康暦《こうりゃく》の政変」という事件で政務代行者の座を奪われ領国へと下向した頼之も、このときは、判定勝ちを収めることができた。武力討伐こそ実現しなかったが、土岐頼康はいったん美濃に引っ込んだのである。この頼康下国事件のことを山田氏は「応安の政変」と呼ぶ。

この応安の政変の背景には、実は、本書がテーマとしている北朝天皇家の問題が潜んでいた。この頃、壮年を迎えた後光厳天皇の周囲には、当時の慣習に則り院政を開始すべく譲位が取り沙汰されるようになっていたのだが、その際に南朝の拉致により退位させられるまでは北朝本来の嫡流だった崇光院が猛烈に巻き返しを図っていたのである。そして、今出川公直や春屋妙葩などが崇光院の皇子栄仁《よしひと》の登極を支持し、両者に近い頼康も崇光院流派として参戦することとなった。

それは、直接的には後光厳院流をバックアップし、後光厳の皇子緒仁《おひと》への譲位を支持する細川頼之への対抗心だったのであろうが、結果として頼康（など反細川頼之派）と頼之の幕閣間対立が皇位をめぐる争いへと飛び火し、崇光院流のチャンスが拡大したのである。幕府の視点で表現するならば、頼康失脚の背景には皇統の分裂があり、正平一統による皇統の分裂がその後の幕政にも影響した、ということになる。

応安の政変の結末

皇位をめぐる相克は、土岐頼康の美濃下国からも理解されるように、後光厳院流派に軍配が上がり、緒仁親王が即位する運びとなった。後円融天皇である。応安四年（一三七一）三月一五日に着袴《ちゃっこ》の儀（一〇九頁参照）を済ませた後光厳院の第一皇子は、そのまま親王宣下《せんげ》（親王の称号を許すという天皇の命令が下されること）されて緒仁親王となった。そして、その一週間ほど後の二三日に後円融天皇として即位儀を遂げたのである。

まさに「目にも止まらぬ早業」である。一気に儀礼を重ねるということは、一連の儀礼を遂行するだけの経済的裏付けがあってこそのことであり、もちろん、それは幕府が負担した。後光厳と幕府が協力して一連の儀式を一気に進めたのである。しかも、かつて南朝と争っている頃の義詮期の幕府がそうしたように、頼之もまた、ほとんど脅迫まがいに公家の出仕を強要した。頼康が去ったことで室町幕府には、後円融即位を全面バックアップする条件が整ったのである。

この後円融即位をめぐる諸状況を、山田氏は改めて歴史的に位置づけている。すなわち、後円融即位以前においては、有力大名の中にも土岐頼康のような崇光院流支持者が存在していた。そのような状況下、細川頼之が率いる幕府は、崇光院流支持派を粛清した上で後光厳皇子即位を強行したのであり、後円融の即位は室町幕府にとって、「後光厳流を擁立する幕府」という自己像を改めて選択したという意味を持った。後円融即位により、後光厳院流支持は、いわば〝幕是〟化し、これ以降の既定路線となっていった（後述するように、なかには個人としてこの方針に抗う将軍もいた）。

2　義満の皇統観

南北朝合一と南朝の歴史

さて、応安の政変などは細川頼之が幼少の足利義満に代わって幕政を主導していた時期の出来事であるが、頼之が康暦元年（一三七九）に起こった政争（康暦の政変）に敗れて失脚したのをきっかけに、成長した義満が自ら幕政を主宰するようになる。次に成人後の義満がど

天皇家略系図⑤（数字は皇位継承の順序）

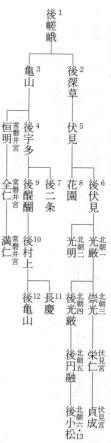

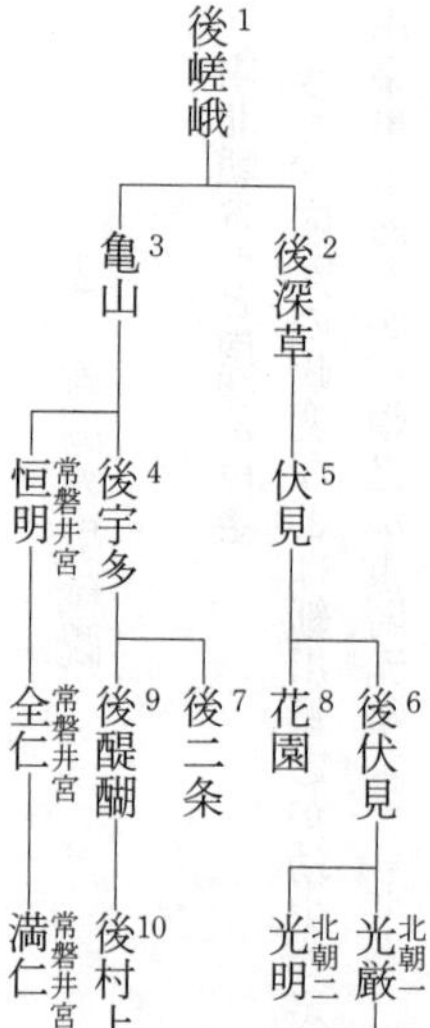

のようなスタンスで天皇家に接したかについて考えていこう。

義満期の天皇家に関する最大のトピックは南北朝の合一である。建前上はともかく、あるいは当事者の主観的な意識はともかく、歴史的に見れば南朝がついに室町幕府に屈服したわけであるが、合一へのプロセスを確認すると、南朝は後醍醐の死後も後村上《ごむらかみ》天皇から長慶《ちょうけい》天皇、さらには後亀山《ごかめやま》天皇へとバトンを受け渡していた。とはいえ、もはや往年のように北朝や幕府に正面切って喧嘩《けんか》を仕掛けるような余力はなく、どうにか存在を維持できている程度にまで弱体化しており、北朝擁する義満は交渉の窓口であった大内《おおうち》氏を通じて南朝に三条件を提示して合一を持ちかけた。南朝の側も、それらの条件を受け入れたので、ここに両朝の一統が合意されることとなった。

そのときの三条件とは、①正平一統の破綻を受けて吉野へと退避した際に南朝が持ち去っていた三種の神器を後亀山天皇から後小松天皇に譲渡する。②今後は後亀山の子孫と後光厳の子孫で皇位を迭立していく。③天皇家の資産については諸国国衙領《こくがりょう》（その国の公領という体裁の所領群）を後亀山の子孫が、長講堂領について後光厳の子孫が相続していく――というものであった。

①以外は、いろいろ旧北朝と旧南朝で半々にしていきましょう、という提案だったので後亀山も義満の提案に納得し、明徳《めいとく》三年（一三九二）の閏一〇月には帰京し、先祖代々の拠点でもあった大覚寺へと入った。しかし、右の三条件を真面目《まじめ》に守るつもりは義満にはなかったらしい。あるいは当初は守るつもりだったのかもしれないが、結果として全く遵守されなかった。

資産面もそうだが、皇位について後亀山の系統にお鉢が回ってきそうな気配が寸毫《すんごう》たりとも漂わないまま、応永一九年（一四一二）には後小松天皇から称光天皇への皇位継承が実現する。それに先立ち、現実を悟った後亀山は京都から姿をくらます。そして、これ以降、山奥に逼塞《ひっそく》することとなった後亀山は、いわば平家落人《おちゅうど》伝説のような伝承上の人物となり、その子孫（とされる人物）が、反幕府勢力の旗頭として間欠泉《かんけつせん》的に蜂起《ほうき》することとなる。いわゆる後南朝である。

常磐井宮と大覚寺宮への措置

義満は、とにかく南朝（後亀山の子孫や、大覚寺統に連なる人々）に冷たかった。冷たかったというよりも、粛々と処遇していったと表現した方が適当かもしれない。

まずは常磐井宮満仁《ときわいのみやみつひと》の事例を紹介したい。満仁は亀山の曽孫《ひまご》であるが、後小松即位の翌年にあたる永徳三年（一三八三）の踏歌節会《とうかのせちえ》（一六一頁参照）において、義満は満仁に節会への出仕を強要した。そのような場に慣れない満仁は、廟堂《びょうどう》（朝廷）の最重鎮であった二条良基《にじょうよしもと》に作法の手助けを要請したのであるが、その要請は義満の意向により拒否される。穿《うが》った見方をすれば、皇位にふさわしくない人物として人目に晒させようとしたのかもしれない。それは言い過ぎだとしても、節会の本質的性格は天皇が群臣を集めて催す酒宴であるので、そこに出仕するということは、「満仁は後小松を〈君〉とする〈臣〉である」ことが確定させられたことになる。そして応永二年（一三九五）六月に義満が出家した際に多くの公家武家が追従すると、特に追従する意図のなかった満仁も強制的に出家させられた。皇位に即く可能性は限りなくゼロに近くなったのである。

次に「大覚寺宮《だいかくじのみや》」という人物に注目しよう。大覚寺宮とは亀山天皇の皇子、寛尊法親王《かんそんほっしんのう》のことである。法親王とは、出家後に親王宣下を受けた皇子をいう。義満はこの大覚寺宮を従一位に叙すように執奏、つまりは拒否権のない進言を後小松天皇にした。この際、同時に仁和寺宮《にんなじのみや》（後伏見天皇の皇子、法守法親王《ほうしゅ》）も叙されているのだが、ともあれ大覚寺宮は、その提案を固辞する。しかし、武家執奏（将軍からの要請）である以上、それに逆らうという選択肢は、南朝に連なる人々に限らず、公家社会全体として存在しない。義満の強い政策的意図による措置で大覚寺宮は僧侶《そうりょ》として出世したのであるが、別にこれは義満が大覚寺宮を厚遇したということではない。義満の意図は、僧侶として出世させることで身分を固定し、還俗《げんぞく》（僧侶から俗人に戻ること）できなくさせることにあったと思われる。つまり大覚寺宮を皇位から遠ざけるための措置であったわけで、いわゆる「アメとムチ」である。

後亀山への措置

「アメとムチ」は義満の得意技だったらしく、それは後亀山への処遇からも確認される。後醍醐の嫡孫で、南朝最後の天皇となった後亀山は南北朝合一に伴い、皇位を後小松に譲って上皇となった。しかし、応永四年（一三九七）の一一月に後亀山は尊号（上皇号）を返上して出家すると、そのまま隠棲してしまう。そして先に触れたように山奥に逼塞するようになり、応永一七年には隠棲地を嵯峨《さが》から吉野へと移した。後亀山は合一後しばらくして京都を棄《す》てたのである。当初は厚遇されると期待したものの、見事にそれが裏切られたことに絶望したのであろうか。

それでは、そもそも死に体だった南朝の後亀山に対して、なぜ義満は上皇号を付与したのだろうか。先行研究では、自らの意思での南朝断絶に躊躇《ちゅうちょ》した義満が、その存続に含みを持たせるために施した措置として評価されることもある。

しかし、義満の得意技が「アメとムチ」だったとするならば、もう少しシンプルに理解されるかと思う。迭立を約束したり、尊号を付与したりすることが〝アメ〟であった。その〝アメ〟に一縷《いちる》の望みを託して後亀山は合一に同意するも、そこには〝ムチ〟があった。義満の〝ムチ〟とは大覚寺統に連なる人々の皇位回復可能性をなし崩し的に奪っていくことであった。「上皇として面目は保ってやる。そのかわり皇位回復はあきらめなさい」が後亀山に対する「アメとムチ」であり、義満は南朝の後亀山に対しても実質的に皇族資格を剝奪《はくだつ》したといえるだろう。義満は南朝から皇位回復の可能性を奪い去ったのである。

崇光院への扱い

南朝への対応を見た次に、義満の崇光院流への対応も確認しよう。

まずは崇光院本人への姿勢であるが、比較的長命を保った崇光院も、応永五年（一三九八）に崩御した。命日が正月一三日だったので、すぐさま朝廷では、その三日後に控えていた踏歌節会の開催をどのようにするかの調整が行われた。それに対して、この頃には公家社会に参入し、実質的に朝廷政治の主導者ともなっていた義満は、「踏歌節会のプログラムのうち華美な演奏を伴う国栖奏《くずそう》だけは省略しよう。それ以外は例年通り執り行うように」との指示を出した。実質的には有無を言わさぬ命令である。一般にこのような場合には、天皇不出御を意味する「平座《ひらざ》」という形式で挙行するのが通常なのであるが、義満の指示は「できるだけいつもと変わらぬようにやりなさい」というものであった。

崇光院崩御について、もう一つ特筆すべきは、葬儀が正月二三日まで執り行われず、崇光院の遺体が一〇日間にもわたって放置されることとなった点である。しかも、崇光院の葬儀が先延ばしになった理由は、葬儀を執行するはずの高僧たちが、義満個人の仏事を優先した（優先させられた）から、というものである。崇光院の葬儀が先延ばしになったのも、その遺体が放置されたのも、義満の意思に基づくものであったと見て差し支えない。

それでは、義満はなぜそのような指示を出したのであろうか。まず、踏歌節会をできるだけ普段通りに挙行させたということは、すなわち、崇光崩御を朝儀に影響させないための措置といえる。崇光院を現天皇である後小松から遠い存在として位置づけようとしていたといえ、それゆえ崇光院に対して必要以上にぞんざいな扱いをすることとなった。そして、最もわかりやすいかたちで、「崇光院を丁重に扱わない」と公家社会に宣言すべく、崇光院の葬儀よりも自身の仏事を優先させるという挙に出たものと思われる。

簡単にいうと、義満は崇光院の死という出来事を〝無視〟したのである。そのような義満の意図は、崇光院崩御の翌月の釈奠《せきてん》（孔子《こうし》を祀《まつ》る年中行事）について、「崇光薨去《こうきょ》を理由とした延期・中止は認めない」と命令したことからも裏付けられる。とはいえ公家衆にとって、天皇は天皇であり、上皇は上皇であった。そのような義満の強硬な姿勢に対して、一抹のためらいを禁じえなかったらしく、苦慮した一条経嗣《つねつぐ》（一〇五頁参照）は、「なんとなく延期する」という体裁により義満の意向を守るとともに、上皇崩御後の釈奠催行を忌避した。逆にいえば、公家社会も対応に困るくらいに強い意志で、義満は崇光院流に「もはや皇位とは無関係な一族」との烙印《らくいん》を押したのであり、義満は崇光院の死を治天（天皇家家長）の死として決して認定しなかった。

栄仁親王への扱い

義満の姿勢は崇光院本人だけでなく、その子孫に対しても一貫している。崇光院が崩御して四ヶ月後の応永五年（一三九八）五月、崇光院の子息栄仁《よしひと》親王（伏見宮家の初代当主）が出家した。五〇歳手前の栄仁が出家したのは、なにも信心とか、隠棲志向が強かったからとか、そういうことではない。端的にいうと義満の申し入れに抗えなかった結果であり、栄仁本人としては皇位の希望が断たれ無念千万だったのではないか、と周囲の面々は慮った。しかも、同時期、北朝天皇家嫡流伝来の長講堂領（二九頁参照）以下の所領が崇光院流から後小松のもとに移されてしまった。後光厳院に北朝天皇家の主役の座を奪われて以降も、崇光院が決して手放さなかった所領である。どういう名目的正当性があったのかはわからないが、北朝天皇家の財産を、義満は自身の一存だけで、崇光院流から後光厳院流に付け替えてしまったのである。

しかし、義満の手法は、あくまで「アメとムチ」である。まずは、持明院統の中でも崇光院の父の光厳院由来ではなく、光厳院の従弟にあたる直仁が権益を保持していた所領群を伏見宮家に付与した。もともと、光厳院の遺書にそのような指示があったのだが、それを義満の責任で実現させたのである。伏見宮家から長講堂領を取り上げた代わりに直仁所領を支配できるようにしたのである。また、それと同時期に義満は、それまで崇光院流の居所だった伏見殿を接収し、その代わりに花園天皇ゆかりの萩原殿へと引っ越しさせてしまった。その一方で、それと引き換えに義満は引っ越し費用として銭二万疋《びき》を給付している（一疋は現在の千円に相当するとの試算もある）。

総じて、義満の「アメとムチ」は伏見宮家から固有財産を奪い取り、義満の恩として無関係な財産（直仁の所領）を下付するというものであった。この「アメとムチ」を通じて義満は崇光院流を自らの庇護《ひご》下に置き、皇位継承候補者から外したと評価できる。南朝や伏見宮家に対する義満の「アメとムチ」とは、皇位継承候補から外すという〝ムチ〟と引き換えに、現ナマという〝アメ〟を与えるというものであった。

札束で頬を叩く

平たくいえば、義満は南朝や崇光院流の皇位継承候補者に対して〝札束で頬《ほお》を叩《たた》く〟を繰り返した。崇光院に対しては生前から、その尊厳を奪いにかかっていて、崩御二年前の応永三年（一三九六）、義満と崇光が伏見殿で対面した。その際、崇光院は義満に注《つ》がれた盃《さかずき》を飲み干した。現在では部下が上司に酒をお注ぎ申し上げることが多い。とはいえ、それはビールなどの話であって、日本酒の場合は、上司が部下に「オレの酒が飲めんのか」となることもある。中世においては専《もっぱ》ら日本酒（のルーツとなるもの）なので、基本的に酒杯慣習は上位者が下位者の盃に酒を注ぐというものであった。崇光院が義満の酒杯に口をつけるということは、義満より下位であることを崇光院が甘受したという意味でもあった。もちろん義満は「アメとムチ」を忘れない。義満は手土産《てみやげ》として、崇光院に一〇万疋（＝千貫）を進上している。貴族たちの中には単刀直入に「酒一杯で千貫とは、なんて割が良いのだ」と日記に書き付ける者もいた。

ちなみに、このときには同時に、聖護院僧正道意《しょうごいんそうじょうどうい》や青蓮院尊道《しょうれんいんそんどう》法親王（後伏見天皇の皇子）にもそれぞれ三万疋と五万疋が進上されている。膨大な〝アメ〟である。しかし、その分、〝ムチ〟も厳しい。酒杯を通じて崇光院の元天皇としての尊厳を奪っただけでなく、ダメ押しとして義満は、「相撲《すもう》を取りましょう」という「狂言」（戯《ざ》れ言《ごと》）を発し、実際に義満と崇光院が取り組みを行った。この挙は崇光の聖性（神性）否定といえる。

天照大神の子孫たる天皇は神聖であり、庶人が肌に触れるということは厳しく制限されている。そんな存在であったはずの崇光院が、義満と肌と肌をぶつけ合ったのである（まわし姿ではなかっただろうが……）。これは神秘的存在だった崇光院の物質化といえ、人間と同質の存在へと引きずり落としたといえよう。〝ただの人間〟となった崇光院やその子孫は、他に適任者がいる限り、皇位継承の可能性はほとんど考えられなくなったのである。

義満のこのような仕打ちは、先に触れた南朝の後亀山院も受けている。応永九年（一四〇二）の三月、今度は義満と後亀山が大覚寺で対面することとなった。このときの後亀山も義満の盃を飲まされることとなった。そして、やはり後亀山はそれと引き換えに「謝礼」として一〇万疋を受給している。

つまり、義満には、「自らの盃を飲ませることで、眼前の皇位継承候補者に足利家（＝廷臣）より格下であるとのレッテルを貼《は》り付け、皇位を継承する可能性を否定する（ムチ）とともに、引き換えとして一〇万疋を給付する（アメ）」という仕組みで崇光院流や南朝から皇位の可能性を奪い去っていったのである。そして、そのことからわかるのは、義満が一貫して後光厳院流を支持していたということであり、ここまでの話を総合すると、義満も含めて初期室町幕府は一貫して後光厳院流を正統として位置づけていたことになる。

3　後円融天皇と義満

時間に厳しい義満

三代将軍足利義満は一貫して後光厳院流を支持していた。つまり義満は北朝光厳院流内での皇位継承に尽力した、言い方を換えれば、天皇家の安定的な存続をサポートしたということになる。そうであるなら天皇家にとって義満はポジティブな存在だったことになるが、一方で研究史上、義満は天皇家にとってネガティブな存在であったという議論もある。筆者としては、まずは義満の人となりを理解しないと、この問題は理解できないように思う。

まず、義満の性格に関する顕著な一面として、非常に時間に厳しい、という面がある。例えば康暦二年（一三八〇）の石清水臨時祭のこと。石清水臨時祭はご多分に漏れず南北朝内乱の余波を受けて執行が難しい時期が続き、応安四年（一三七一）に後円融天皇が即位して以降の期間、一度も催されていなかったので、実質〝代始《だいはじめ》〟の石清水臨時祭であり、諸公卿も参加すべく石清水へと出立することとなった。その行列を若き義満が見物する運びとなっていたのだが、その際、諸公卿に対して「早くせよ」との催促が何度も朝廷執行部から届けられた。焦る執行部の心配をよそに当の公卿たちは呑気《のんき》なもので、「どうせいつも通り出発は夜にズレ込むんでしょ」と決め込む始末。再三「早くせよ」と命じられても、ダラダラ準備するというのが、当時の貴族たちの基本的な行動形態であった。

そのような公家衆の時間感覚と、義満のそれは大きく乖離していた。その様相を土御門御所（当時の内裏）の焼亡《じょうもう》と再建を事例に眺めておこう。応永八年（一四〇一）二月二九日に内裏が火災に見舞われた。それを受けて義満は内裏再建に尽力、翌年一一月には新内裏が完成して後小松天皇の移徙《いし》（転居の儀式）の日を迎える。その際の移徙行列を義満は晴れ晴れしく見物することとなったのだが、肝心の行列が、奉行（幹事役）西園寺公永《きんなが》の遅刻などにより予定通り進行しなかった。苛立《いらだ》ちを隠せない義満は「なぜ遅れているんだ！」と声を荒らげ、「公卿をすぐに出発させて、早く天皇にお出ましいただきなさい！」と叱《しか》りつけた。類例は他にもたくさんある。義満は予定通りテキパキ物事が進まないことが許せない性格だったのである。

廷臣総動員

義満の性格には、もう一つ特徴的なところがあった。応永二年（一三九五）の正月、三条実冬《さねふゆ》という公卿のもとに、義満からの指示が届けられた。伝えられたのは「今度の七日、義満様の任太政大臣節会がある。あなた（三条実冬）もそれに扈従《こしょう》する（付き従う役割を果たす）ように」という内容であったが、それに関してすでに実冬は、様々な噂を耳にしていた。具体的には、「現任の公卿は一人も欠席してはならない」と義満は考えているらしいとの情報が公家社会に広まっていたのである。それゆえ当時の廷臣たちは、こぞって事前から準備に勤《いそ》しんでおり、実冬も例外ではなかったので、参加要請（という名の命令）に応じることができた。義満は朝廷行事において現任公卿（大臣、大・中納言と参議）の全員が参加するよう強制したのである。

同様の事例は他にも少なからず散見され、例えば義満が右近衛大将《うこんえのだいしょう》に任命された際の拝賀についても見ておこう（拝賀は公的な就任披露パーティーのようなもの。これを済ませないと正式に就任したことにはならなかった）。義満の任右近衛大将拝賀は康暦元年（一三七九）の六月に開催されたのだが、それに先んじて三条実冬は近衛道嗣《みちつぐ》（関白まで務めた公家）に扈従するときの服装などについて相談したところ、道嗣から「今回の扈従については特に触れ回ってはいない。しかし、お供しない輩《ともがら》がいたら義満様の機嫌を損ならうらしい」という意向が伝えられた。

既存の研究の中では、このような義満のやり方について、自分に逆らえなくする、いわば〝陰湿なパワハラ〟と解釈する向きもあり、確かにそういう見方も可能だろうが、おそらく義満としては、「命令しなくとも廷臣なら全員が朝儀に参加するのは当然のこと」くらいの感覚だったのであるまいか。確かに、命令しなくとも廷臣全員が朝儀に参加するのは当然のことではある。厳密には、当然のことのはず、ではある。ともあれ、義満は廷臣の儀礼への欠席を許さないという一面を持っていた。

義満の一貫性

義満にとって「時間厳守」と「朝儀欠席禁止」は同根の要求であったと思われる。とりあえず、義満は、この二点を守れない廷臣に対しては徹底的に厳しい姿勢で対処した。遅参で処罰された事例として、応永二年（一三九五）の禁裏舞御覧《まいごらん》（一六一～一六二頁参照）をめぐる人選を取り上げよう。この際、本来は当然のこととして選ばれるべき山井景継《やまのいかげつぐ》と豊原定秋《とよはらのさだあき》が所作人《しょさびと》（演奏者）のリストから外された。その理由は、この少し前に行われた武家八講（義満が主宰した仏事）に両者が遅参したからである。実際には、両者とも楽家《がくけ》（音楽を家業とした家）の名門の主要人物として演奏には不可欠で、それに免じて参加を許されたのだが、きついお灸《きゅう》を据えられて肝を冷やしたことだろう。

「朝儀欠席禁止」については永徳三年（一三八三）の踏歌節会に関する事例が顕著である。この節会に広橋仲光《ひろはしなかみつ》という貴族が、軽服《きょうぶく》（遠縁の者の死去による、軽い服喪）を理由に欠席しようとした。現代でも小中学生がやりそうな「親戚が死んだので学校を休みます」作戦である。しかし、それを耳にした義満が激怒したとの報を受けると、仲光は恐縮してスゴスゴと出席することとなった。義満は遅刻や朝儀欠席には厳罰で臨んだのである。

「時間厳守」と「朝儀欠席禁止」は義満にとって、同じ要求であった。というのも、どちらも、「朝廷儀礼を滞りなく、正しく盛大に執り行う」という目的のための必要条件だからである。そして、「朝廷儀礼を滞りなく、正しく盛大に」というのは、朝廷のあるべき姿そのものである。貴族は時間厳守の上でみんな出席するというのがあるべき姿であり、当然の務めである。厳密には、当然の務めのはず、である。

しかし、当時の貴族たちの実態はというと、遅参と儀礼欠席（サボり）が常態化していた。そのような現状に対して、義満は朝廷のあるべき姿の実現に強い意志を持っていたといえよう。その実現のために義満は朝廷儀礼開催に必要な費用を惜しみなく支弁してもいた。そうやって自ら労力を費やして朝廷儀礼が執行できる状況を整えてあげた以上、義満にとって、当時常態化していた遅刻や欠席など決して許されるものではなかった。

義満は「朝廷の原理原則からすれば、ごく当たり前のことなのだから、それを当たり前にやりなさい」と要求していただけだといえる。そういう意味では、義満の性格は非常に一貫していて、「やるべきことをちゃんとやる！」、これに尽きるのである。

後円融の孤立

さて、当時の朝廷には、「やるべきことをちゃんとやる」という性格の義満と決定的に相性の悪い人物がいた。後円融天皇である。

義満と後円融天皇の相性は、次のエピソードが物語る。康暦二年（一三八〇）の八月七日、義満は参内して後円融を訪ねた。たまたま運悪く後円融は廷臣の一人と酒宴を開いている真っ最中だったので、「じゃあ、いいや。出直すか」とばかりに義満はきびすを返して挨拶《あいさつ》もなしに帰宅することにした。義満来訪の報告を受けた後円融は慌てて義満を押しとどめ、場所を改めて酒を酌み交わした。このちぐはぐさが、なんとも二人の関係性を暗示している。ともあれ、義満は後円融に会いに来た目的を伝えた。義満は後円融に「笙《しょう》を演奏してみてはどうか」と進言するため参内したのである。

その義満の提案を、どういうわけか後円融ははぐらかした。あまり気乗りしなかったらしい。そのような後円融の煮え切らない態度に、義満は不満を隠さなかった。後光厳も尊氏や義満も嗜んだ笙は、この頃までに、後光厳皇統と足利家との昵懇関係を象徴する楽器としての意味を帯びるようになっていた。足利家率いる幕府のバックアップによって北朝正統の座を維持できている後光厳皇統の御曹司《おんぞうし》としては、当然、義満の提案を前のめり気味で受け入れるというのが、適切な政治的判断であっただろう。しかし、後円融は、そのような常識的な判断のできる人物ではなかった。政治家として判断が適切にできない後円融に対して、義満は苛立ちを加速度的に募らせていく。

後円融天皇が人間関係の構築に失敗した相手は、何も義満だけではない。二条良基との相性も悪かった。二条良基は摂関職を歴任し、廷臣中で足利義満との最も太いパイプを持つ、公家社会最大の実力者である。その良基が後円融とのトラブルにより年爵《ねんしゃく》を申請しないという出来事があった。年爵とは任意の人物を叙爵（六頁参照）できるという、院など朝廷有力者が持つ権利であり、任料を獲得したり、近臣の子息を優遇する手段であった。要は利権である。その利権を良基は自ら放棄した。

後円融と良基のトラブルとは、後円融が士仏《しぶつ》法師という医師としても活動した人物の勧賞（褒美などを与えて励ますこと）について良基に相談したところ、良基は即答を避け、武家の細川頼之に相談したため、そのことに後円融が激怒したというものである。「なんでもかんでも幕府に相談するのはやめろ！」というのが後円融の本音だったのであろうが、これ以降、両者の関係は疎遠なものになっていった。

後円融の性向

後円融が義満や二条良基との関係構築に失敗した要因は、後円融の個性、つまりは性向によるとしか言いようがない。後円融の性向は、自身の皇子後小松の即位に関する騒動に明《めい》瞭《りょう》に示される。

永徳二年（一三八二）の一〇月二五日、二条良基が義満邸を訪れた。後小松新天皇の即位儀について、内々の評議を持つためである。これについて一条経嗣（実父は二条良基で、養子として五摂家《ごせっけ》の一つである一条家の当主となった）は、ため息交じりに「今回の即位儀は、後見役であるはずの上皇が何も動かない」との感想を漏らしている。経嗣は続けて、「即位儀については年内に遂げるとの決定がされている。ゆえに義満様が何度も準備を進めるよう催促したにもかかわらず、後円融上皇は全く返事をしない……」と書き連ねている。後円融は政務放棄状態にあったのである。立腹した義満は二条良基と相談の結果、後円融を無視して即位儀の準備を進めることにした。

後円融は「なんでもかんでも幕府に相談するのはやめろ！」という人で、他者の影響力を排除し専断したい人であった。しかし、いかんせん、その能力が皆無だった。そして、自分の能力不足により周囲がサポートを申し出ると、へそを曲げて政務を放棄するのである。

後円融は機嫌を損ねると、拗《す》ねてサボるということが、とにかく多い人だった。他にも永徳元年（一三八一）九月の出来事を紹介しよう。右近庁頭《うこんのちょうとう》という役職に大石範弘《おおいしのりひろ》に代えて中原職富《なかはらもととみ》を登用するよう武家執奏があった。それに対して後円融の返事は遅れに遅れた。返事をサボタージュしたのである。

このときは、勅裁遅引（サボタージュ）に業を煮やした義満が激怒しているとの情報に接した後円融が慌てて勅裁を下したことで、両者の関係の決定的な破綻こそ免れたものの、武家執奏に対しては勅裁遅引で応じるという後円融の姿勢は、「力不足により周囲がサポートを申し出ると、へそを曲げて政務を放棄する」という意味で、先の後小松即位儀のときと共通する。簡単にいうと後円融は「やるべきことをちゃんとやらない（できない）。しかも、すぐにへそを曲げる）」帝王であり、「やるべきことをちゃんとやる！」をモットーとする義満との相性は最悪だったのである。

後光厳仏事の妨害

それでは、義満は相性最悪の後円融をどのように扱ったか。結論を述べると、徹底的に「存在していないこと」にした。

後小松即位の直後の永徳三年（一三八三）、後光厳院の命日の追善仏事が催された。主宰者はもちろん天皇家家長である後円融である。しかし、このときの仏事では経供養が行われなかった。義満の意向を忖度《そんたく》し、人々が出席を控えたことで、参加者が集まらなかったからである。義満は、自身の影響力をフルに生かして後円融上皇主宰の仏事を妨害し、中止に追い込んだといえる。

ところが、その半年後、やはり後円融仙洞（上皇の住まい）で執行されることとなった御《お》懺法《せんぼう》（一五二頁参照）においては、いささか様相が異なる。この法会には、三条公忠《きんただ》の実子で久我《こが》具通《ともみち》猶子の乗通《じょうつう》が勤仕《ごんし》することになっていた。義満は「いまの段階では、特に仙洞に出仕しても気にしないけども」と公言していたようだが、公忠としては「といっても内心は嫌がっているのではないか」との危惧《きぐ》があり、我が子が心配でならなかった。乗通は特に処罰されていないようなので、義満の意向は本音だったわけだが、わずか半年でなぜ義満の態度は軟化したのだろうか。

それは次のように理解できる。義満は、後小松が即位し、後円融が上皇となった直後のみ、後円融主宰の仏事への参加について廷臣に圧力をかけて挙行不可能に追い込んだわけだが、後光厳（先祖）追善とは後光厳院流皇統の家長の役割である。それを催行させないということは、後円融の家長権（「治天の君」として院政を行うこと）を否定したということである。

つまり、政務の場から後円融の居場所を消し去ったのである。そして、そうやって後円融の排除が完了すると、もはや後円融の妨害をする意味もないので、その後の仏事については邪魔をしなかった、ということであろう。

義満は「やるべきことをちゃんとやる！」という人であり、後円融は「やるべきことをちゃんとやらない」という人であった。後円融と義満の相性は最悪であり、それゆえ後円融は義満によって排除されてしまったのである。義満としては、現代的に表現すれば、「やるべきことをちゃんとやらないヤツに人権などない」くらいの感覚で後円融のことを見ていたのではないだろうか。

4　後小松天皇と義満

後小松の元服と義満

義満の後円融に対する接し方は、とにかく厳しかった。それをもって、「足利義満は天皇家を乗っ取ろうとしている」と主張したのが、今谷明氏による「王権簒奪《さんだつ》計画説」であるが、結論を先に述べると、この説はおそらく成り立たない。なぜならば、義満が厳しかったのは後円融という個人に対してであって、北朝天皇家（あるいは後光厳院流）全体を圧迫していたわけではなさそうだからである。この場合の考察対象は後円融の皇子として皇位を継承した後小松天皇ということになるが、義満には仙洞御所で後円融のことを雑にあしらったりいじめたりしてから、その足で後小松の内裏に立ち寄って遊興にふけるという行動パターンがしばしば見られるなど、後小松に対する姿勢は一貫して親和的であった。

前近代の成長儀礼の一つに「着袴《ちゃっこ》（著袴とも書く）」というものがある。幼児が初めて袴《はかま》を着けて少年少女となる儀礼であるが、後小松の着袴のとき、その袴の帯を結び奉《たてまつ》る「奉《ほう》結《ゆい》」役を担ったのが他でもない義満であった。義満は子どもの頃から後小松の面倒を見ており、その後、後小松が人生の階梯《かいてい》を登っていくたびに、後見人的にそれを支える義満の姿が確認できる。

嘉慶《かけい》元年（一三八七）に後小松は元服《げんぷく》（成人）を迎える。元服儀において最も重要とされる所役《しょやく》は「加冠役《かかんやく》」であり、成人男子に初めて冠を着ける役割を果たす。「烏帽子親《えぼしおや》」という言葉があるように、冠を着けるということは中世において、仮親《かりおや》的な性格を帯びる有力者の役割なのだが、その加冠役を務めたのが義満であった。また、元服儀の翌日の「元服後《こう》宴《えん》」と呼ばれる宴席儀礼が無事に済むと、廷臣たちは義満のもとへと参賀に赴いた。参賀とは下位者が上位者に御祝いを申し上げに行く挨拶儀礼のことであるが、後小松の元服について義満へと参賀するということは、廷臣たちが後小松元服を義満の慶事と認識していたことを示唆する。

後小松の即位儀と義満

義満は後小松のことを常に後見していた。その最も象徴的な事例は、幹仁《もとひと》親王から後小松天皇へと即位していく過程である。即位に関する儀礼については、大きく「譲位儀」「即位儀」「大嘗会《だいじょうえ》（あるいは「大嘗祭」）」の三つに分けられる。そのうち即位儀については、後円融のサボタージュにより義満が二条良基とともども主導的な役割を果たしたことをすでに述べた。

挙行の順番は前後するが、次に「譲位儀」を見てみると、儀礼当日、幹仁親王、すなわち後小松は、まず室町第《むろまちてい》に入御《にゅうぎょ》した。その幼き幹仁は、義満に抱きかかえられながら牛車《ぎっしゃ》に乗り込み内裏へと移動し、下車後も義満の腕の中にくるまれて内裏の常御所《つねのごしょ》（天皇の日常の居所）に誘われた。義満はそこからいったん帰宅し、再び参内すると、参列した廷臣の代表者を意味する内弁《ないべん》の役割を勤仕した。即位儀も譲位儀も義満のバックアップにより遂げ行われたということができる。

さらに大嘗会についても確認する。大嘗祭とは新天皇が即位したときに、初めて行われる新嘗祭《にいなめさい》（五穀豊穣を感謝する神事）のことで、一代に一度の威儀を正した盛大な儀式である。

大嘗祭のあとに三日にわたる節会（酒宴を中心とする儀礼）が続くので、それらの総体として「大嘗会」の語が用いられることも多い。その大嘗会の準備儀礼の一つとして「大嘗会行事所始《ぎょうじしょはじめ》」というものがある。選挙活動における事務所開きのようなものであるが、その大嘗会行事所始に、義満は例によって二条良基とともに臨席している。また、大嘗祭のとき、新穀を奉る国郡（「悠紀《ゆき》」「主基《すき》」という）を亀卜《きぼく》（亀の甲羅を焼く占い）により決定する「国郡卜定《ぼくじょう》」という儀礼があるが、ここでも義満は左大臣として、筆頭公卿の役割たる上卿《しょうけい》という任についている。大嘗会についても義満のバックアップがあってこそ実現したといえる。

義満の法皇化

応永二年（一三九五）に出家を遂げた義満は、法皇として振る舞うようになる。例えば高《たか》倉永行《くらながゆき》という廷臣が著した故実書『法体装束抄《ほったいしょうぞくしょう》』には、東大寺《とうだいじ》での受戒に奉仕したときの義満の行動様式が、法皇受戒のときと同じ作法であったと記されている。他にも、応永八年に捧げられた北山第《きたやまてい》（義満の別邸）如法経会《にょほうきょうえ》という仏事における願文について見てみると、願文が文治《ぶんじ》（平安末期）の日野兼光《かねみつ》（広橋家の祖である頼資《よりすけ》の父）、永仁（鎌倉中期）の広橋兼《かね》仲《なか》（兼光の曽孫）の先例により広橋家の兼宣《かねのぶ》（兼仲の孫の孫）により作成されたことがわかるのだが、その際に参照された文治の先例とは後白河法皇の先例であり、永仁の先例とは後深

日野氏略系図

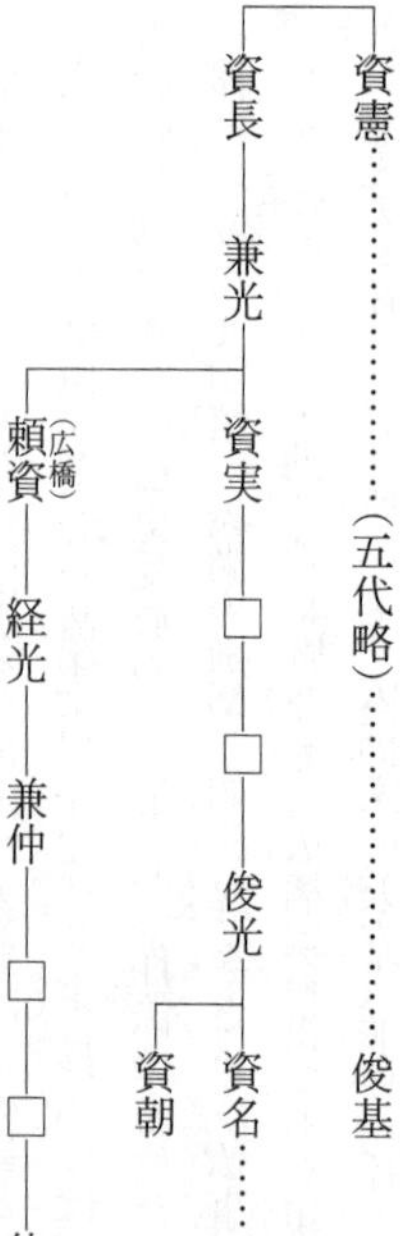

草法皇が北山第（当時は西園寺家の邸宅）に御幸して催した如法経会の先例である。

このように法皇化した義満に対して、今谷明氏の「王権簒奪計画説」では、足利家が天皇家になろうとしたことの決定的証拠としているが、すでに桜井英治氏が喝破したように、義満に対する法皇待遇というのは、あくまで後小松天皇との関係に基づくものであり、後小松の存在を離れては一歩たりとも自立しえないものである。

どういうことかというと、義満に対する法皇待遇は明らかに後円融の死（明徳四年〔一三九三〕）がきっかけとなっており、要するに義満がおおっぴらに後小松の父親代わりを果たすようになった結果として発生したものであった。そのような義満の父権者としての振る舞いは、ここまで見てきた後小松との関係を振り返れば、何ら不自然なものではない。義満は、天皇家を乗っ取るために法皇待遇になったのではなく、「やるべきことをちゃんとやらない」後円融を排除したことで、自ら父親代わりとして後小松天皇（後光厳院流皇統）を支える必要が生じたため、法皇待遇されるようになったのである。

応永年間の義満

次に、視点を義満の側から後小松の側に移そう。自らのサポートを積極的に請け負ってくれる義満のことを、後小松はどのように認識していたのだろうか。

周知に属するかもしれないが、足利義満とは将軍でありながら公卿としても活躍したところに特徴のある足利家家長であった。本格的に公家社会に参入した年次は、諸説あるが、永徳元年（一三八一）六月に内大臣へと昇進した前後の時期である。翌永徳二年の正月に左大臣へと昇進した義満は、そのまま七年ほど在任して、嘉慶二年（一三八八）五月に左大臣を辞任した。それまでに右近衛大将などの兼職も辞任済みだったので、この段階で廷臣生活に一区切りをつけたと考えられ、一三八〇年代の一〇年ほどが義満が公卿化していた時代といえる。

そこからの義満の官職の動きは、少しややこしい。左大臣を一度辞めてから四年後の明徳三年（一三九二）の一二月末、義満は左大臣に復任した。一方、征夷大将軍《せいいたいしょうぐん》については応永元年（一三九四）一二月になって、元服を遂げた子息義持に譲っている。そして征夷大将軍を辞任して一〇日も経《た》たないうち、義満は太政大臣へと登り詰めた。その太政大臣は、そもそも名誉職なので、半年ほど経って辞任し、義満は表向きには引退し、そして出家した。

義満の出家と後小松

ここでは、義満が出家することとなったときに狼狽《ろうばい》する後小松の様子を見ておこう。応永二年（一三九五）の四月二二日の夕暮れ、京の町はざわついていた。原因は、「非常の儀」として後小松天皇が将軍の住む室町殿に行幸《ぎょうこう》（天皇の外出）することになったからである。その動きを察知した義満は仁和寺へ退避したが、一晩中大騒ぎは収まらなかった。夜になって自宅へと戻った義満が後小松に対して「わざわざお越しいただいたのに留守にしていてすみません。出家についてはいったん先延ばしにします」と申し入れたことで、ようやく騒ぎは一時的な収束を見せたが、その三日後にも「義満は明日、出家を強行しようとしているらしい」との噂が飛び交った。

実際に義満が出家したのは、その二ヶ月後のことである。六月二〇日に義満は後小松に対して出家の意向を改めて報告した。それでも後小松は「ここまで丁寧に対応してきてくれたからには、もはや止められないとは思うが、せめて年内一杯は待ってくれないか」とささやかで控えめな抵抗をするにはしたものの、義満は「用があれば年内と言わずいつでもお申し付けください。まあ、即位など大きな儀礼があれば大変でしょうけど、そうでもないですし」と宥《なだ》めすかした。

さしもの後小松も許容せざるをえなかったが、後小松を納得させた義満のキラーフレーズは、「政道については原則として今まで通りにお手伝いします。参内などについてもこれまでと変わらないですし、用があればいつでもお申し付けください」という宣言であった。義満は政務後見の役割を出家後も変わらず続けることを確約し、それに安心したことで後小松は義満の出家を受け入れたのである。当時の出家には、いわゆる〝現役〟を引退しての隠棲を意味することもあったが、後白河上皇が法皇になったからといって政務から身を引かなかったように、〝現役〟続行とは無関係のことも多かった。後小松は前者であることを心配し、義満は端《はな》から後者のつもりでいた。義満出家をめぐる後小松と義満のやりとりの背景には、そこの理解に対する齟齬《そご》があったのであろう。

後小松の依存

とにもかくにも義満は出家した。そして、出家時に宣言した通り、その後も義満は後小松の政道を輔佐《ほさ》し続けた。具体例として、応永一三年（一四〇六）二月に催された後光厳の三十三回忌を取り上げよう。

正月二六日に楽《がく》の習礼《しゅらい》（楽器演奏の予行演習）が済んで準備が整った後光厳院の三十三回忌は、三日後の二九日から始まる。法華懺法《ほっけせんぼう》の初日となったこの日、義満は戌《いぬ》の刻（二〇時頃）に参内し、亥《い》の刻（二二時頃）に法会の場に着座した。法華懺法二日目の三〇日は欠席したものの、三日目の二月一日には義満は参内して後小松の側に控えており、さらに二月二日（四日目＝中日）の法会にも臨席した（もっとも、義満が遅参したことで開始は夜中になってしまうというおまけも付いてきたが……。廷臣の時間厳守に厳しい義満自身が遅刻することも、たまにはあった。基本的に義満は、そういう〝人間くさい〟人物である）。

二月三日（五日目）は参内しなかったものの、四日（六日目）の法会において「共行《きょうこう》」「調声《ちょうしょう》」の役割を果たした義満は、最終日の七日にも側近くで後小松を支えていた。なお、共行とは「修行を同じくすること」の意で、「調声」とは法会に際して唱和の一節目を担う役割である。義満は後光厳の三十三回忌に熱心な態度で接していたといえるだろう。

そして最終日（結願日《けちがんび》）の二月五日には楽も催された。義満は昼前に到着し、楽が挙行されると、「蘇合急《そごうのきゅう》」という曲目のタイミングで後小松天皇は部屋に戻った。そして、その席を立って、そのまま一晩中、後小松天皇と常御所で酒を酌み交わした。続いて義満もの最中には和歌会《わかえ》と楽会《がくえ》が催され、義満と後小松は一緒に笙を演奏した。

追善の一環として設けられた雅楽の場で後小松と義満が笙の共演を果たしたことには、それなりの意味がある。先皇追善仏事はその主宰者（この場合、後小松天皇）が天皇家家長たること示す場でもある。そこで両者が同じ楽器を演奏するということは、後小松と義満の一体性が象徴的に可視化されたということである。後年、姉小路基綱《あねがこうじもとつな》という廷臣が義満の時代を評して、「尊氏様以降公武は睦《むつ》まじいが、義満様以降は、特に睦まじかった」と書き残している。義満は終生、後小松と良好な関係を構築していたといえるだろう。後小松は父権者たる義満に頼り切りであった。

後円融が個人として問題の多い人物であったがゆえ、安易に眺めると「義満は天皇家を乗っ取ろうとしているのではないか」と思わせるほど、後円融と義満の関係は険悪であったが、それは、あくまで個人的関係の域を出るものではなかった。南朝や崇光院流への峻厳《しゅんげん》な態度や、後小松との一体関係を踏まえると、義満は一貫して後光厳院流を支持していたとしか判断できないのである。

第四章　天皇家を支える将軍たち
――室町時代中期

1　「王家」の執事

義持による丸抱え

ここまで足利義満の時代までの北朝天皇家の歴史、なかでも足利家との関係について見てきた。ここからは、義満の次の世代、すなわち四代将軍義持の時代に視点を移そう（なお、旧著『足利将軍と室町幕府』と重複する部分は簡略に述べることとする）。

この時代の天皇家と将軍家の関係を考えるには、大前提としてこの頃までに足利将軍の行動様式が定式化していたことを踏まえなければならない。わかりやすい事例は、応永二二年（一四一五）に挙行された称光天皇即位の大嘗会である。数日にわたる儀礼を通じ、総じて義持は現任摂関に準ずる様式で行動していた。そして、そのような形態は必ずしも大嘗会に限るものではなく、例えば大嘗会前年の称光即位儀に関して、その直前の方違《かたたがえ》行幸における義持は、不参の関白に代わって天皇の裾《すそ》を持つ御裾役《おすそやく》を務めている（方違とは忌むべき方角を避ける風習であり、それに合わせて天皇が外出することを方違行幸といった）。なお、これは本来なら蔵人頭《くろうどのとう》の役割であった。つまり、義持は現任摂関や蔵人（天皇の秘書官）の役割を果たしていたのであり、最大公約数的に表現するなら、〝天皇の輔弼役《ほひつやく》〟であったといえる。

しかし、〝天皇の輔弼役〟という表現では、義持の立場を表すのに不十分である。というのも、義持は天皇という位にある人物だけでなく、上皇や皇子も輔弼（補佐）していたからである。例えば義持は、躬仁《みひと》親王（称光天皇）元服儀で加冠役を担ったが、本来それは東宮傅《とうぐうのふ》の役割である。東宮傅というのは皇太子の教育係のことであり、義持の役割はそのような範囲にまで及んでいた。

さらに義持は称光天皇のみならず後小松上皇に関連する行事において、しばしば「申沙汰《もうしさた》」という役割を果たしている。申沙汰とは直訳すると「処理させていただく（こと）」という意味になり、現場指揮などを取り計らう役割、要するにプロジェクトリーダーであったり現場監督といった、具体的に現場を統括する役割を指す（ことが多い）。義持は「後小松—称光父子」を輔弼する役割を果たしており、そのような義持について筆者はさしあたり〝「王家」の執事〟と表現している。この場合の「王家」とは「上皇と天皇の父子を中心とする、現代でいうところの核家族」くらいの意味合いで、義持は後小松「王家」を丸抱えしていたといえる。

称光天皇と小川宮

義持が丸抱えした後小松「王家」の男性構成員は、人数こそ少ないものの、一人一人のキャラクターが良くも悪くも際立っていた。

まずは称光天皇である。後小松の第一皇子として即位した称光天皇は、生まれながらに病弱だったらしく、若いうちから何度も危篤に陥って、周囲が喪の準備を開始すると、なぜか必ず持ち直すということを繰り返していた。病弱な身体で生まれた称光天皇は、精神状態も不安定だったようである。一事例として応永三二年（一四二五）四月の正親町三条実雅《おおぎまちさんじょうさねまさ》謹慎事件を取り上げよう。

事件に先立つある日、廷臣の正親町三条実雅は内裏での酒宴に参加した。酒宴はたいそう盛り上がったらしく、大納言典侍《だいなごんのてんじ》と呼ばれていた称光天皇妻室は酔いが回ってしまい、席を引き揚げた。心配した実雅が、大納言典侍の様子を見に行ったところ、そのような実雅の行動を疑う人物がいた。大納言典侍の亭主たる称光天皇である。称光は両人が密会したものだと思い込み、実雅に謹慎処分を言い渡してしまったのである。大学生の合コンやサークル

天皇家略系図⑥（数字は皇位継承の順序）

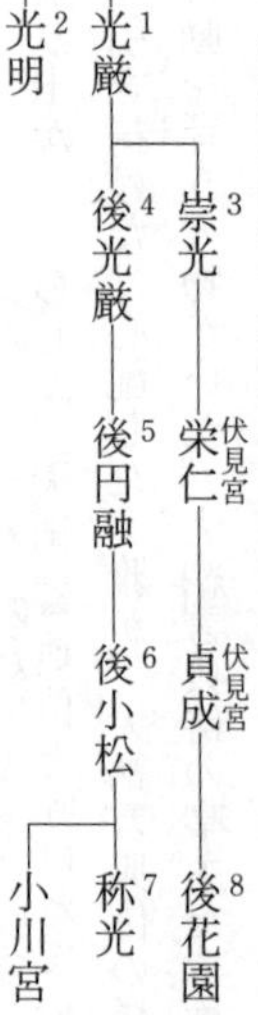

の合宿などでもよくありそうな一コマであり、そういう状況ならばそこに淡い下心があってもおかしくないところだが、天皇という立場にある称光が、特に実態を調べることもなく、感情にまかせて側近に謹慎を言い渡すというのは常軌を逸している。

称光については似たような奇行がいくらでも確認される（詳しく知りたければ、各種通史類を紐解いていただきたい）。ただし、後小松「王家」における個性的な男子は称光だけではなかった。称光には小川宮《おがわのみや》という弟がいたが、こちらはこちらで悪目立ちする人物だった。

小川宮については、プレゼントされた子羊にいきなり暴行しはじめるという、動物虐待のエピソードが有名であるが、彼にはドメスティックバイオレンスの前科もある。それは応永二七年（一四二〇）正月のこと。折しも正月儀礼真っ盛りのシーズン。この日も「御薬《みくすり》」という儀礼（お屠蘇《とそ》のようなもの）があって、それが始まろうとするタイミングで、なぜか小川宮は、突如として妹を蹂躙《じゅうりん》しだしたのである。史料に「蹂躙」と書かれていて、それ以上の詳細はわからないのだが、髪を引っ張り、引きずり回して足蹴《あしげ》にする、といったイメージだろうか。そこに居合わせていた母親の日野西資子《ひのにしすけこ》以下はただ「涕泣《ていきゅう》」するだけだったという。ちなみに涕泣とは涙を流して泣くことである。

小川宮の精神もやはり不安定だった。そして身体も病弱だった。妹をしばき倒した日からおおよそ五年後の応永三二年（一四二五）二月一六日、小川宮は夜になって突然苦しみ出した。医師が大慌てで駆けつけたが、そのときにはすでに手遅れで、そのまま帰らぬ人となった。わずか二二歳。後小松は二人の息子に何かと苦労させられ、そして先立たれたのである。

後小松と義持の共通点

後小松「王家」は、「平凡ながらも幸せな、どこにでもいる家族」からは程遠い、波乱万丈な一家であった。そこに神様は、さらにもうひとスパイスを加えた。足利義持の一家も、それなりに波乱万丈だったのである。

義持には一粒種の男子がいた。義量《よしかず》の名で五代将軍となったこの男子は、応永一四年（一四〇七）に誕生した。応永三〇年九月に後小松上皇が義持の住む室町殿へと御幸した際にお披露目され、翌月には参内と院参を遂げた。それは将軍宣下のお礼のためである。義量はその年の三月に将軍となっており、将軍の行動として定例となっていた歳暮の挨拶も兼ねて、天皇と上皇それぞれの御所に参上したのである。この義量については、酒を飲み過ぎがちだったとする史料があるものの、称光・小川宮ほど劇画的な不祥事は起こしていない（少なくとも史料には残されていない）。とはいえ、精神面では不安定だったとする徴証こそ目立たないものの、病弱だったところは称光・小川宮兄弟と共通していた。

応永三二年（一四二五）二月二七日、義量は一九歳で急逝してしまう。義持には他に男子がいなかったので、後継者問題が発生し、義持が特段の対応をしなかったことが籤引《くじび》き将軍義教《よしのり》誕生の前提となる（一三九頁）。ともあれ、義量の死は小川宮急逝からわずか一〇日後だったこともあり、天下大乱の予兆と盛んに噂された。また、死の直前には心身ともに疲弊していたとの噂もあったことから、義量の死については、少し前に謀殺も同然の死に方をした義嗣《よしつぐ》（義持の弟で、父義満から寵愛されたという）の怨霊《おんりょう》の仕業なのではないかと取り沙汰されたらしい。事の真相はともあれ、義持も子息に先立たれたのであり、義持と後小松は、そういう部分で似た者同士だった。

称光の体調

さて、先に称光天皇が病弱であったことを述べた。義量もそうだが、病弱で若死する人物というのは、後継者に恵まれないことが少なくない。ここでは体調の変遷を追いながら、子のいなかった称光の後継者選定の流れを見ていきたい。

応永二五年（一四一八）七月のこと。それまで何度も体調を崩しては回復するを繰り返していた称光天皇が危篤に陥った。それを受けて後小松上皇は聖護院准后《じゅごう》こと道意（九七頁参照）に加持祈禱を命じるとともに、義持も慌てて参内した。

ただ、危篤状態になってから病状を回復させるのも称光の特徴である。このときは幸いにも大事に至らず、それなりに健康を取り戻す。しかし、それから七年後の応永三二年（一四二五）に、またまた称光は体調を崩した。七年前と同じ七月のある夜中、公家社会に急報が駆け巡った。夕方から発作を起こしていた称光が、あちこちを走り回って、そして気絶したというのだ。夜中の時点では少し持ち直したようだが、その二日後の朝には再び発作を起こしてしまった。

この期間、義持は三度にわたり参内し、称光の病状が治まるまでは相国寺《しょうこくじ》で待機することとした。また、称光の治療は義持が連れてきた寿阿弥《じゅあみ》という医療にも精通した人物が担当した。天皇家の医療は朝廷において代々にわたり医道を伝えてきた家々の者が担当するものであったが、今回はそれに加えて寿阿弥が治療にあたった。朝廷医道の面々としては、危篤に陥っては回復し、そしてまた危篤に陥る称光に対して、「これ以上、何をしろというんだ!?」という感覚だったかもしれない。ちなみに、このときも称光は持ち直している。称光は慢性的な健康問題を抱えながら三〇年弱の人生を生きたのである。

彦仁の浮上

称光天皇は健康問題を抱えていた上に、もう一つ問題点があった。子どもがいなかったのである。天皇家に直系子孫がいないというのは国家の一大事である。後小松と義持は、その善後策を応永二九年（一四二二）あたりから真剣に考えるようになった。その頃にも、例によって称光は危篤状態に陥っていたのであるが、万が一の際に備えて義持と後小松は会談を持つ機会が増えていた。会談内容については、京都南郊の伏見にいた貞成《さだふさ》親王（当時の伏見宮家の当主）の耳にも入る。義持と後小松の会談においては、貞成の長子彦仁の名前がずいぶんと話題に上ったらしい。果たして、彦仁を後小松の猶子とする方向性が固まっていく。

そして、先にも述べた応永三二年（一四二五）、称光天皇崩御の噂が貞成のもとへと届けられた。この際、義持は貞成に彦仁の年齢を確認した。彦仁が次期皇位有力候補者であることを、それとなく伝達したのである。もっとも崩御したというのは誤報であって、称光は半死半生の状態から蘇生《そせい》する。彦仁の存在はしばらく宙ぶらりんになった。とはいえ、彦仁を次期天皇とする方針は既定路線になっていく。

彦仁の登極

実際に称光が崩御したのは正長元年（一四二八）の七月であった。この年、三五年続いた応永から正長へと年号が改められた。正月に義持が死去していたからである。危篤に陥っては回復するを繰り返した称光とは対照的に、義持はあっけなく死去した。義持としては、まさか自分が称光より先に死ぬとは夢にも思っていなかったであろう。ともあれ、称光の訃報《ふほう》が世を駆け巡ると、後南朝の小倉宮《おぐらのみや》（南朝最後の天皇である後亀山の孫）が出奔して北畠満雅《きたばたけみつまさ》（後南朝ともつながりが強い有力武将）のもとに身を寄せるなど、にわかに世上は騒がしくなった。後南朝としても皇位回復のラストチャンスと考えたのであろう。満雅は実力行使に出て、八月に兵を挙げる。

　幕府としては一刻も早く平静を取り戻さなければならない。義持からバトンを引き継いだばかりの義教は、慌てて幕府首脳部らと状況を確認する。もちろん少し前までは義円《ぎえん》という名の僧侶に過ぎなかった義教は、彦仁の存在など知らない。三宝院満済《さんぼういんまんさい》（醍醐《だいご》寺の僧で、義満・義持の政治顧問）などのブレーンが、後小松と義持による既定路線について詳しく説明し、彦仁の即位準備は着実に進められていくこととなった。

天皇家略系図⑦（数字は皇位継承の順序）

後醍醐1——後村上2——┬長慶3
　　　　　　　　　　　└後亀山4——□——小倉宮

　彦仁は後花園天皇として即位する。その即位儀は永享《えいきょう》元年（一四二九）一二月二七日に挙行され、前日には即位儀の準備儀礼たる「官司《かんし》行幸」があり、我が子の晴れ姿を見に出かけた貞成親王はその様子を「威儀厳重」と表現している。即位儀は、その翌明け方から開始され、総じて順調に進み、全体がつつがなく完了すると、後花園天皇は未明に内裏へ戻った。貞成は、「それもこれも義教様が摂政二条持基《もちもと》とともに取り計らってくれたおかげである」と書き記した。

彦仁は義教治世下、後花園天皇として粛々と登極を果たしたわけだが、もう少し義持の時代について書き進めるので、ここでは、後花園の登極は義持の設計図に則ったものであり、義持が北朝天皇家（後光厳院流）の順調な皇位継承に腐心していたことを強調しておきたい。もちろんそれは、義持の〝「王家」の執事〟たる立場と矛盾するものではない。というよりも、〝「王家」の執事〟だったからこそ、わざわざ称光の後継者問題に骨折りしたのである。

2　後小松「王家」と義持

「王家」の親子喧嘩

さて、ここまで義持が〝「王家」の執事〟であったことを論じてきたが、そのような義持の姿勢は日常生活においても確認される。ここでは、研究者の間ではそれなりに有名な、後小松上皇と称光天皇の壮大な親子喧嘩、しかも政治的対立でもなんでもない、ただの直情のぶつかり合いを取り上げよう。

応永三二年（一四二五）六月二七日のこと、中山定親《なかやまさだちか》という当時の能吏的公卿のもとを、五辻重仲《いつつじしげなか》という貴族が密《ひそ》かに訪ねた。重仲が伝えるには、最近、後小松上皇と称光天皇が不仲であるという。発端は、称光天皇が「琵琶法師を内裏に招いて平家物語を弾じさせたい」という意向を後小松に問い合わせたところ、後小松が「先例がないので宜《よろ》しくない」と応じたことにある。

後小松の返答に逆上した称光天皇は、伝達してきた万里小路時房《までのこうじときふさ》に啖呵《たんか》を切り、「父上のご意見は承知した。しかし、父上は父上で、上皇としての先例違反が多いではないか。お気に入りだからといって、身分卑しい人物を手続きなく院御所に出入りさせているのは、先例的にどうかと思いますけど！」とものの見事に逆ギレした。そして、「ご立派な上皇でさえそうなのに、私ごときがどうして先例を守れるでしょうか。ここは許可していただきたい。そうでないなら父上も先例違反を金輪際やめていただきたい」と返した。いわゆる〝売り言葉に買い言葉〟である。

万里小路時房はその様子を後小松上皇に伝えると「あとのことは私には無理なので失礼します」と、それ以上の深入りを避けてそそくさと去って行ったので、後小松のさらなる反応がその場で示されることはなかったが、称光はさらに後小松に書状を寄越し、そこには「私は帝位にありたいなどと思ったことはない。宮中は窮乏しているし、国のためにやめようと思う」と記されている。「パパがボクの言うことを聞いてくれないなら、ボク、天皇をやめる」という内容である。これに対する後小松の返答も伝わらないが、そのような状況を目の当たりにした中山定親は「なんてことだ」と頭を抱えるしかなかった。

親子喧嘩の落着

噂は公家社会に即座に広がり、ここで義持が行動に出る。右は中山定親が日記『薩戒記《さっかいき》』の六月二七日条に記した内容であるが、続けて翌二八日条を読むと、後小松に「ボク、天皇をやめる」とダダをこねた称光は、そのまま密かに内裏を飛び出そうとした。報告を受けた後小松は慌てて義持に相談すると、義持は称光のもとに急行して説得にかかり、まずは称光の言い分に耳を傾けた。義持はすぐに後小松のもとに向かい、称光の言い分を伝達すると、後小松は称光に書状を認《したた》め、再び義持は称光のもとへと戻り、後小松の書状を届けた。

それに対する称光の応答内容を後小松に伝えたのも、やはり義持である。そこでわかったのは、称光は自身の後継者として彦仁が後小松の猶子となったことに強い不満を持っており、そのストレスが称光を子どもじみた行動に走らせたらしい、ということである。称光としては、「なぜ、私が死ぬこと前提で物事が進んでいるんだ？　私は死んでないですけど！」といった心持ちだったであろう。確かに気分の良いことではない。

さらに『薩戒記』を読み進めると、義持は六月三〇日にも参院し、その際には伝奏《てんそう》（公武の連絡役の貴族。前出の中山定親や万里小路時房は伝奏であった）や高僧も駆けつけた。また翌閏六月一日も義持は参院。その前に称光の様子を伺いに参内もしている。称光との面談でいろいろと話し合った後、後小松のもとへと義持は足を運んだ。

称光の出奔騒動を受け、後小松上皇と称光天皇の父子間を右往左往していた義持は、さらに閏六月二日の夕方に称光と面談すると、翌三日の午前中には後小松のもとを訪ねる。その足で義持は、またまた称光の内裏へ向かい、そしてきびすを返して後小松の院御所へと急ぐ。その日の称光は、本音をありのままにぶつけたらしい。称光の心の叫びを義持から伝えられた後小松は「あなたのことを決して疎略に扱いません」と約束し、ようやく事態は沈静化した。義持としては、まさに「ご足労様」であった。

義持の役割

右の親子喧嘩における義持の役割について、かつて横井清氏は、「義持は天皇とじかに再三問答を重ね、やっとの思いで踏みとどまらせた」と評した。もちろん、一見するとその通りなのだが、筆者は少し異なる評価をしている。横井氏は『看聞日記』に記された内容から義持の行動を分析し、「義持の説得により称光は矛を収めた」との結論を導いたのだが、少なくともこの事件に限った史料価値としては、洛外の伏見に隠棲する貞成《さだふさ》親王より、伝奏として天皇家と将軍家の連絡役を担っていた中山定親の方が、当事者性が強い。

史料の筆者に当事者性が強いと、筆者は自らに不利な情報を隠して、有利な内容を書き残す危険性もあるのだが、この場合、中山定親が何かを隠したりなんなりすることの意味は感じられない。隠すのであれば、事件そのものをもっとアバウトに記すはずである。宮廷の恥部ともいえる内容を、わざわざ詳述しているのだから、事実をありのままに書き記したのであろう。

そんな『薩戒記』の記事を分析する限り、義持は後小松と称光の間を右往左往していただけである。義持は積極的に称光の説得に乗り出したのではなく、伝達役に徹していたと思われる。もちろん称光は義持と対面することで自身の不満を言葉にしてぶつけることができたのだから、大いなるガス抜きにはなっただろうが、義持本人としてはあくまで後小松の要請に基づき行動を起こしたに過ぎない。なんといっても、そもそもの発端は後小松と称光の親子喧嘩である。親子喧嘩が起きて、親の側の後小松がすれ違う親子関係を修復するべく義持に仲介を託し、子の側の称光も義持を介して、日頃の鬱憤《うっぷん》を後小松にぶつけたことで、一件落着となったのである。

義持は確かに称光と問答を重ねたが、それは義持自ら説得役を買って出たのではなく、称光と後小松の間を往復して互いの言葉を伝えただけである。称光が溜飲《りゅういん》を下げたのは、義持の言葉によってではなく、後小松の言葉（あるいは後小松に気持ちをぶつけたこと）によってであり、義持の役割はメッセンジャー以上のものではなかったであろう。そして、義持がメッセンジャーの役割を担えたのは、彼が常日頃から〝「王家」の執事〟として振る舞っていたからだといえる。

妻を寝取られる父子

ところで、先に、酒宴において妻室との密通を疑った称光天皇がろくに調査もせずに廷臣の正親町三条実雅を譴責《けんせき》した事例を、称光の〝残念なところ〟として取り上げたが（一二一～一二二頁参照）、実は、称光にも同情の余地がないわけでもない。義持が必死に〝「王家」の執事〟として振る舞っていた当時の、後小松・称光父子に関する類似エピソードを紹介していきたい。

まずは貞成親王に登場してもらおう。応永二五年（一四一八）の七月のこと。称光天皇の女房新内侍《しんないし》の懐妊が判明した。本来ならばめでたい出来事のはずなのだが、それで済まないのが当時の後小松「王家」である。称光が「断じて自分の子ではない」と主張したのである。

そして、矛先は貞成親王に向かう。懐妊した新内侍は、その年の春頃、伏見に滞在していたのである。それで称光は、その期間に懐妊したに違いないと思い込み、となれば、父親は貞成なのではないかと疑った。称光周辺で密通騒動が起きて、貞成にも嫌疑が及んだのである。

慌てたのは貞成である。なんせ、証明のしようがない。となれば、残された選択肢はただ一つ、神頼みである。貞成は起請文《きしょうもん》をもって無実を訴えることとし、北野社《きたのしゃ》に願文を納め、伏見の諸寺院に祈禱を命じ、自らも百度参りを踏むなど、必死に無実を訴えた。中世の神頼みは、現代人の初詣《はつもうで》などとは同一視できない。信仰に対する意味合いがまるで違うので、当時においては、最も誠実な方法で自分の無実を証明しようとしたといえる。そして、それが天に届いたのか、やがて真相が判明した。中御門《なかみかど》（松木《まつのき》）宗量《むねかず》という廷臣が嘘《うそ》の告げ口をしていたというのである。つまり不義の犯人は宗量で、罪を貞成になすりつけようと密告したというのが事の真相だったのである。危うく貞成は冤罪《えんざい》から逃れることができたものの、当時の内裏や院御所の風紀が推して知れる出来事といえよう。

繰り返される密通騒動

称光天皇の内裏も、後小松上皇の仙洞御所も、とにかく密通騒動が多かった。

貞成が巻き添えを食らった密通騒動から、わずか二ヶ月後、今度は後小松仙洞で不祥事が発生する。とある御所侍《ごしょざむらい》（後小松の最下級の家来）が六条河原《ろくじょうがわら》で首を刎《は》ねられたのであるが、この御所侍は後小松から寵愛されていたのを良いことに、態度が横柄となり、一年ほど前に女官を孕ませてしまっていた。それが見つかったので御所侍も密通した女官も追放され、御所侍は謹慎することとなった。しかし、御所侍はおとなしく嵐が過ぎるのを待てず、あちこちに赦免を嘆願して回った。

もちろん、それで許されるようなことはなく、ついに御所侍は仙洞御所に押しかけて「赦免がなければ自害するぞ！」と直訴して凄《すご》んだものの、あえなく内裏を警固していた細川一門の持常《もちつね》に捕縛されてしまった。それを受けて義持は後小松の意向も確認した上で、「公家社会での出来事に死罪を適用して良いのか」という若干の躊躇を覚えつつも、首を刎ねることとした。この出来事も、発端は御所侍が女官を孕ませたことにあった。

さらに応永二八年（一四二一）一〇月の事例も見ておこう。今度は四条隆直《しじょうたかなお》という公卿の子である隆盛《たかもり》が、称光と後小松から勅勘を受けて出仕禁止となり、父親の隆直も連帯責任とされた。罪状は、隆盛が内裏女官と密通して子どもを産ませたことである。しかも、隆盛はこれが初犯ではなかったらしい。それゆえ厳罰となったのであるが、逆にいえば、初犯であれば厳罰に処されない程度に密通が横行していたということである。

称光天皇や後小松上皇をめぐる密通騒動については、まだまだ事例が相次ぐ。応永三一年

（一四二四）五月にも大騒動が起こった。仙洞の女官である大納言典侍（称光天皇の妻室と同名だが別人）が逃げ去って行方をくらませたことで、事は露顕する。大納言典侍が姿をくらましたのは、「土岐与安《よやす》」（土岐持頼《もちより》）との不義が発覚したからであった。土岐持頼は伊勢国の守護を務める土岐一族の惣領《そうりょう》（代表者）であったので、同族である美濃国守護の土岐持益《もちます》に持頼討伐が命じられた。

右は貞成親王に届いた第一報の内容である。続報により、右の情報には種々の錯誤のあることが明らかになっていく。まず、大納言典侍の不義の相手は土岐持頼ではなく、橘知興《たちばなのともおき》という廷臣であった（知興は髪を剃《そ》って行方をくらます）。しかし、不義が発覚したのは大納言典侍だけではなかった。右衛《え》門佐《もんのすけ》なる女官についても、懐妊こそしていないものの不義が明白となり逃避した。この右衛門佐の不義の相手が土岐持頼だったのである。しかも右衛門佐は中山有親（前出の中山定親の兄弟）という廷臣とも不義に及んでいただけでなく、召《めし》次《つぎ》（雑事に従った下級職員）の幸末佐（読み方は不明）とも密通していたとの疑惑もあった（幸末佐は後小松のお気に入りなので不問になったらしい）。大納言典侍の不義発覚を契機に、一斉に身辺調査が行われたのである。その結果、さらに嫌疑者は拡大していく。

先の貞成に嫌疑が及んだときの主犯であり、不義密通のいわば常習犯であった中御門宗量についても身辺調査が及び、現在進行形での不義は認められなかったものの、過去には仙洞に近侍するなかで、日野西資子（後小松の妻室）と事に及んだことが改めて明らかにされた。ついに宗量は年貢の納め時となり、流罪になるとの噂が駆け巡った。とはいえ、宗量は密かに逃亡し、うやむやな処理に持ち込んだらしい。面目が潰《つぶ》れたのは資子であるが、自業自得であろう。なお宗量は、貞成嫌疑のときに称光の妻室と密通し、今回は後小松の妻室、しかも称光の生母との密通が発覚した。なかなかの武勇伝ではある。

義教の時代にも

風紀の乱れは、足利将軍家の当主が義持から義教に代わっても是正されなかった。話を先取りすることとなるが、もう少し、密通騒動に関する事例を見ておこう。

永享三年（一四三一）の二月、後花園天皇の女官が禁中で男子を出産した。不浄を厭《いと》う禁中での出産は前代未聞の不祥事であり、重大事件ということで厳しい取り調べと処罰が行われた。女官の名は「あちゃ」と言い、廷臣高倉永基《ながもと》の妻の関係者であった。この事件についての調査は着々と進み、真相が明らかになる。あちゃと情を交わした犯人は楊梅兼重《やまももかねしげ》という廷臣であった。調査結果を受けた後小松上皇は、義教に兼重の処罰を委託し、義教は兼重の所領を召し上げ、あちゃを追放に処した。

義持の時代には、それなりに大目に見られていた不義密通であったが、義教は抜本的な対策に乗り出す。永享四年（一四三二）一〇月、義教は「仙洞で男女の区別がなくなっていることは風紀的に良くない。そこで、それぞれのための建物を造りましょう」と後小松上皇に進言した。そしてそれから一週間も経たないうちに、男女の行動空間を別々にすべく、仙洞御所の増築工事が開始された。しかも義教自ら現場で指揮を執るという熱の入れようだったという。義教も後小松周辺のスキャンダル対応に奔走せざるをえなかったのである。

義持の時代も義教の時代も、後小松・称光の後宮にはスキャンダルが満ちあふれていた。そして義持は〝「王家」の執事〟として、それらの処理にも勤《いそ》しまなければならなかったのである。義持が「いい加減にしてくれ」と感じたか、「まあ、そういうもんでしょ」と思ったかはわからないが、いずれにしても、義持の時代に、足利将軍家家長は〝「王家」の執事〟という属性を帯びるようになった。そして将軍家が北朝天皇家を公私にわたって丸抱えするというあり方が室町期の天皇家―将軍家の関係の基本構造として定着したのである。

3　後小松法皇と義教

義教嗣立と後小松

やや時系列が前後したが、ここで、義教嗣立《しりつ》期に立ち戻り、後小松との関係を検討しよう。

周知の史実であるが、義量という一粒種を失ったまま義持が病死すると、幕府は次の将軍を籤《くじ》で決めた。それが義教で、当時は義円という法名の僧侶であった。これに関して、幕府は後小松や朝廷に対して事前のお伺いを立てなかった。そして、いよいよ義円が還俗する運びとなったとき、還俗後の名前や官位（官職と位階）について後小松と相談を持つことになり、その際、「報告が遅れたのは、（将軍ではなく）管領から報告しても失礼がないか先例を調査していたからです」と詫《わ》びを入れたところ、後小松は「噂では聞いていたよ。まずはおめでとう。いろいろ了解した」と返した。

なお、義教は還俗してから将軍になるまで少し時間がかかった。髪が伸びるまで元服儀礼を執行できなかったからである。したがって、義持から義教への代替わりは、将軍就任のタイミングに求めることはできず、義教が足利将軍家家長として迎え入れられた日をもって、義教は実質的に室町幕府の首班になったといえる。学界では、義教が足利将軍家家長として迎え入れられたことを「嗣立」と表記することが多いので、本書でもそれに従う。

後小松は義持の後継者の決定を、まずは好意的に受け止めたらしく、嗣立直後の義教の粗相をフォローすることも少なくなかった。例えば、義教が管領家一門の斯波持有《しばもちあり》の左衛門佐《さえもんのすけ》任官を朝廷に申請するということがあった。この頃はまだ武家が官位に関して別枠扱いをされていなかったので、斯波持有を左衛門佐にしたければ、現任の左衛門佐を退任させる必要があった。しかし、そのような細やかな作法を知らない義教は、現任の左衛門佐であった公家の土御門嗣光《つぐみつ》との事前調整に手間取ってしまった。そこで手を差し伸べたのが後小松である。後小松は調整役を担っていた廷臣を譴責するとともに、嗣光の辞任と持有の任官が実現するよう取り計らった。嗣立期の義教に協力的な後小松の姿がそこにはある。

後小松からのラブコール

後小松は嗣立直後から義教との関係構築に積極的だった。

例えば義教嗣立から半年ほど経った正長二年（一四二九）八月末、後小松が主催した仙洞舞御覧《まいごらん》に義教も参会した。それについて貞成《さだふさ》親王は「後小松が義教を特に招いたことは結構なことだ。料理や食器には意匠が凝らされており、舞は夕方より始まり夜中に終わった」と書き記している。義教は舞を最後の最後まで鑑賞してから退出したという。

後小松はその三ヶ月後にも義教を自らの院御所に招いている。このときは舞ではなく観世《かんぜ》猿楽《さるがく》（当時は能や狂言などを総称して猿楽と呼んだ）を上演し、義教は満済が洛中滞在中の宿所としている法身院《ほっしんいん》（満済は通常、洛外の醍醐寺に居住している）から院参した。これも後小松が何度も義教に声をかけたことで実現したという。後小松は義教を嗣立直後から猿楽や舞御覧に誘っていた。

ただ、還俗したばかりの義教は後小松など皇族や朝廷の廷臣に対する接し方がわからなかったのであろう、どちらかというと後小松からのお誘いに及び腰であった。その際に潤滑油的な役割を果たしたのが、義持の時代から将軍家と天皇家の間を取り結んでいた三宝院満済であり、後小松は義教を〝こっち側〟に引き寄せるべく、お守り役ともいえる満済にもまた、各種催しへの参加を呼びかけた。

先に後小松が義教を仙洞舞御覧に招いたと述べたが、その際に臨席した面々を確認すると、摂政二条持基などとともに満済の名前も見える。少なくとも表面上は招待を固辞したものの、伝奏の万里小路時房を通じて何度も要請を繰り返され、義教にも相談したところ、「何が何でも付いてこい」と命じられて参加することになったと満済自身は日記に記している。自身の舞御覧に義教のみならず同時に満済も招いた後小松の心中は、つまり、義持と同じような関係性を嗣立当初の義教とも築きたい、というところにあったものと思われる。

後小松の意図

後小松が義持と同じように義教にも接しようとしていたことは、義教嗣立の翌々年の室町第御幸に端的である。永享二年（一四三〇）の四月末、後小松上皇は、万里小路時房・勧《か》修寺《じゅうじ》経成《つねなり》・日野秀光《ひでみつ》・広橋親光《ちかみつ》（後年、兼郷《かねさと》と改名。二二七頁参照）・飛鳥井《あすかい》雅世《まさよ》・同雅永《まさなが》・

正親町三条実雅・高倉永豊《ながとよ》・烏丸資任《からすまるすけとう》などに加え、摂政の二条持基、さらには満済も従えて義教の住む室町殿へと御幸した。これに関連して想起されるのは、後小松が上皇になって初めての御幸の行き先が義持の御所であったことである。しかも、上皇になって初めての御幸にはハレとケ、公的な晴《はれ》御幸と私的な（という体裁の）褻《け》御幸の二種類があるが、そのどちらもが、行き先を義持御所としていたのである。ということを踏まえると、後小松が義教の室町第に御幸したのは、義持と同じ関係性の維持を図ろうとしていた微証と考えられよう。

なぜ後小松が義持と同じような関係を義教とも構築しようとしたかというと、要するに、義持依存症的なところのあった後小松が、同じく義教にも依存したかったからであろう。そのような後小松の〝甘え〟は正長元年（一四二八）七月に称光天皇が二八歳で崩御した際に明瞭に表面化する。後小松は称光の葬儀について、どうしても広橋親光という廷臣に担当者の役割を担わせたかったらしく、何度も従事するよう命令した。しかし親光はそのたびに固辞した。

後小松としては困った事態となったが、その様子を遠目に眺めていた人物がいた。当時、まだ一人前として振る舞えなかった義教の代理人としての役割を果たしていた管領の畠山《はたけやま》満家《みついえ》である。満家は、事態を憂慮して義教に報告する。そしてそれを受けた義教は強く親光に言い付け、その結果、ようやく親光は了承することとなった。あいかわらず後小松は、困ったときには将軍家の影響力に頼っていたのである。後小松は義持と同じく、義教にも依存できる関係を維持しようとしていた。義持と同じ振る舞いを義教にも期待し、そのためのアプローチを積極的に仕掛けていったのである。

義教と後小松のすれ違い

後小松は嗣立直後から義教にラブコールを送り続けたわけだが、それに対する義教の反応はどのようなものだったか。一言で述べると、両者はどうにも嚙《か》み合わなかった。

正長元年（一四二八）の六月、後小松院は自らが主催する和歌会に義教を招待した。しかし当時、正式な院参始儀礼を済ませていなかった義教は反応に困り、「正式な院参を遂げた後の方が宜しいかと存じます」と返答した。正論ではあるので後小松としても「残念だが、その方が良いかもしれませんね」と返したものの、内心では「つれないヤツだな」と感じたのではないだろうか。

その二週間後、伊勢《いせ》神宮の神職人事に関しても二人は嚙み合わなかった。伊勢神宮の神職に関する武家執奏を受けて、元職の藤波忠清《ふじなみただきよ》が復任されたのであるが、忠清は後小松の意中の人ではなく、後小松は現任者を再任させるつもりだったようだ。しかし、義教が強く武家執奏したので、後小松の意向は反故《ほご》になってしまう。後小松と義教の関係は、何かにつけて、こういう感じであった。

両者がフランクな関係になれなかった最大の要因は、義教が後小松に対して過剰なまでに遠慮したことにある。例えば、永享三年（一四三一）の年末、院参から帰る際の作法について、義教は廷臣に諮問《しもん》した。仙洞四足門《よつあしもん》で牛車に乗るのはよいとして、その後の移動で仙洞棟門《むなもん》前を通り過ぎるとき敬意を表するために下車すべきかどうかを問うたのである。当時の慣習では貴人の邸宅の前を通る際には下車して敬意を表することになっていた。厳密ではないが、この事例をわかりやすく説明すると、全ての挨拶を済ませた上で表門から送迎車に乗り込んだとしても、裏門を通る際には改めて一礼する必要があるのかどうかを確認しているようなことである。

故実《こじつ》（儀式・作法などの習わし）にも詳しい万里小路時房は「両様あり（どちらでも構わない）」としながらも心中では「そこまでする必要はないでしょう」と認識していたが、義教としては下車するべきだと考えていたようだ。総じて義教は後小松に遠慮しすぎる傾向があり、後小松と義教の間には見えない心理的な壁が存在していて、どこかギクシャクしたものがあったように思う。

たとえていうと、義教は先輩後輩関係を苦手とする神経質な中学一年生であり、後小松はそういうことへのデリカシーがない三年生、二人の関係はそんなイメージで捉えられるような気もする。後小松は後小松で、デリケートな義教に対して無遠慮すぎたのであろう。

義教の苛立ち

義教が嗣立してようやく半年と少しが過ぎようとしていた正長元年（一四二八）の一〇月、後小松は出家を志す。しかし、その時期の義教はいまだ院参を遂げておらず、後小松との正式な対面も済ませていなかった。そのような状態のまま出家されては、義教本人の通過儀礼（元服、朝廷官職就任など）なども含めて、種々の日程調整において、何かと混乱が生じる。義教はまずは延期するよう後小松に要請し、後小松もこのときは受け入れた。義教の院参が遅れたのは、なにも彼の不作為ではない。先に述べたように僧侶から還俗した以上、髪が伸びるまで元服できず、それまでは身動きが取れなかったのである。そういう事情に後小松は、まるで無頓着《むとんちゃく》だった。

正長元年には未遂に終わったが、後小松はあくまで出家を志し、永享三年（一四三一）には宿願が叶《かな》い法皇となった。そのときのやりとりを見てみよう。再度、後小松から出家の意思を伝えられた義教は、さすがに「何度もおっしゃっていることなので、これ以上は引き留められません」と容認せざるをえなかったが、それでも「しかし、もうしばらく待っていただければ、天下のためにも素晴らしいことです」と心底では撤回を期待していた。おそらく自身の権力基盤が固まるまでは、取り巻く環境を現状維持としたかったのであろう。「余計な仕事を増やさないでくれ」というのが、義教の本音だったと想像される。そういうわけで、しかたなく容認しても、義教のはらわたは煮えくり返っていた。そして、後年の抑圧的支配(「万人恐怖」)を想起させるような〝八つ当たり〟を爆発させる。

当時の慣例として、権力者が出家すると近臣もお供して出家することがあった。正確には、お供を申し出ないと不忠者扱いされかねないので、多くの近臣が申し出るものの慰留されて出家を踏みとどまるという寸劇(儀礼的営為)が繰り返された。今回も、そういう約束事に基づいて西園寺実永《さねなが》、吉田家房《よしだいえふさ》などの廷臣が義教のもとにお供出家する挨拶に赴いた。

彼らとしては、当然、「そこを枉《ま》げて、朝廷の運営にどうにか今後も力を貸してくれないか」と慰留されるつもりであっただろう。しかし、はらわた煮えくり返った義教は、「もう決まったことをいちいち報告しに来るな」として、即日出家を強制してしまったのである。引き留められると思って上司に辞表を出したら、「じゃあ、そういうことで」とあっさり受理されてしまった、そんな光景をイメージされたい。義教の反応は、当時の常識からすればめちゃくちゃである。八つ当たり、あるいは、当てつけ以外の何ものでもない。後小松の出家を契機に両者の関係は決定的にこじれていった。

後小松の遺詔

義教の後小松に対する感情は、永享五年（一四三三）に後小松が崩御した際にわかりやすく表面化する。後小松崩御に対し後花園が諒闇《りょうあん》に服すかどうか、義教は満済に諮問した。諒闇とは、天皇が父母の死に際し喪に服すことであり、後花園は後小松の猶子である以上、諒闇に服すのが筋である。

しかし、義教は次のように満済に問いかけた。「私も後小松院の諒闇は当然だと考えている。御遺書を読むと、後光厳流が断絶しないようにとの思いが切々と書かれていて涙が止まらない」と義教は始める。ここまではごく通常の意見である。しかし、なぜかここから「もとは崇光院流出身であるのだから、後光厳流を強調する後小松院の遺書を遵守することは後花園天皇にとってかえってマイナスになるのでは？」という不可解な理論が展開された。

諒闇に服さないということは、後花園が後小松の流れでないことを宣言するのに等しい。本書で見てきた幕府の一貫した後光厳院流擁立政策からすれば、あってはならないことである。義教がそのことをどこまで切実に考えていたかは測りかねるが、後小松と後花園の名目上の親子関係を是認することに抵抗感を持っていたことは間違いないだろう。

もちろん、義教の意見は、満済の賛同を得ることはできなかった。満済は、一応、「ご心配はもっともです」とした上で、「とはいえ、後花園天皇はすでに後小松院の猶子となっています。皇位継承の体裁といい、猶子であることといい、遺勅といい、諒闇以外ないでしょう。それは、足利家にとっても大事なことです。というのは三上皇が南朝に拉致されたとき、崇光院流は皇位継承を放棄する旨の誓文を提出し、幕府の計らいによって後光厳天皇が即位したからです。それからというもの、後光厳流と足利家の関係は特別なものとなりました。例えば、義満様の時代に伏見宮家は伝来文書などを全て後小松院に進上しましたが、それは後光厳院流の存続を思ってのことです。そういった代々の方針に反すれば、ご先祖様たちもお怒りになるに違いありません」と滔々《とうとう》と義教を説得し、その後も一悶着《ひともんちゃく》を経つつ、諒闇で決着した。後小松と義教の個人的関係は、かように微妙だった。

とはいえ、ここで強調したいのは、微妙だったのは先の後円融と義満の関係と同様に、あくまで後小松と義教の個人的な相性に限った話であり、原則として義教は〝「王家」の執事〟として振る舞い続けたという事実である。次に、その点を見ていこう。

4　伏見宮家と義教——義教の視点から

後花園の即位

後小松との関係は微妙だった義教だが、それでは後花園との関係はどのようなものだったのだろうか。それは後花園の践祚《せんそ》儀と即位儀から垣間見《かいまみ》える。

後花園天皇の践祚儀は正長元年（一四二八）七月二八日に挙行され、『満済准后日記』の同日条を紐解くと、快晴で儀礼が万端うまくいったこと、内裏の四足門より践祚の会場までは管領の畠山満家が警固したこと、後小松上皇については斯波義淳《よしあつ》（管領も経験した有力大名）が警固したこと、義教本人については洛中の土御門高倉という地区で様子を見物したことなどが記されている。

即位儀は翌永享元年（一四二九）の一二月二七日。こちらについては『看聞日記』同日条を参照すると、二〇時頃から催されたこと、将軍義教と摂政二条持基が共同であれこれ陣頭指揮をとったこと、明け方に後花園天皇が帰宅したことが記され、「全てがうまくいき、天気も良く、天下万民が寿《ことほ》いでいる」との貞成《さだふさ》親王の感想が付け加えられている。義教は後花園の即位関連儀礼に熱心な姿勢で臨んでいたといえるだろう。

天皇の即位関連儀礼には、践祚儀と即位儀に加えて大嘗会がある。大嘗会への義教の関わり方を確認すると、永享二年（一四三〇）の一一月一二日、義教邸で大嘗会清暑堂御遊《せいしょどうぎょゆう》（雅楽の演奏会）の拍子合《ひょうしあわせ》（リハーサル）を行ったのを皮切りに、一四日は準備作業たる官司行幸において義教が後花園の裾を取り、一六日には関連する帳台試《ちょうだいのこころみ》という儀礼において幼少の後花園に代わって義教と持基がその場を差配している。そして本番ともいえる一九日の悠紀節会《ゆきのせちえ》、二〇日の主基節会《すきのせちえ》、二一日の豊明節会《とよのあかりのせちえ》の全てに義教は参席した。大嘗会についても義教の姿勢は非常に熱心だったといえるだろう。義教は後花園が即位するときから後見人たることを自認していたように思われる。

後花園の元服

後花園は元服以前に即位した。次に、即位から三年ほど後の後花園元服儀についても見ておこう。後花園元服については、永享四年（一四三二）の一〇月二六日の元服定《げんぷくさだめ》から本格的に始動する。その元服定に義教も臨席している。しかも、ただボケッと座っていたのではなく、実は事前にあれこれ進め方について案を練ってきていたらしい。結果、この日の元服定は改めて議論するようなことが何もないといった状態だったようだ。そして、元服儀本番を数日後に控えた一二月二八日に実施された予行演習にも義教は臨席すべく参内したという。

元服儀そのものは翌永享五年（一四三三）の正月三日に遂げ行われた。その際、最も重要な役割とされる加冠役を故実に則り摂政太政大臣の二条持基が務めたのは当然として、次に重要な役割とされる理髪役を務めたのは義教であった。義満の先例に基づいてのことであるが、後花園元服において義教が重要な役割を担っていたことは強調されるべきだろう。

翌日には学園祭でいうところの後夜祭にあたる元服後宴があり、それについて後花園実父の貞成親王は、左大臣の足利義教や内弁も務めた内大臣大炊御門信宗《おおいのみかどのぶむね》以下がこぞって参加したこと、後宴の最初から最後までずっと義教が席を外さなかったこと、後宴は全体として威儀厳重に催行されたことなどを特記している。また貞成は、後花園天皇元服儀の全てが厳重かつ無事に終わったことについて、特に義教のもとへとお礼の挨拶に出向いている。後花園元服においても積極的に尽力する義教の姿が目に浮かぶだろう。

義教の献身

次に義教と後花園に関して、日常の一コマを覗《のぞ》いてみよう。永享六年（一四三四）の九月、後花園は前月来の腹痛に悩まされていた。後花園の主治医は三位房《さんみぼう》といったが、三位房が薬を調合しても病状はいっこうに改善しなかったらしい。そんな後花園を見かねて義教は毎日のように見舞いに参内した。そして、義教の見舞いが実ったのか、一週間ほど経つと、少しずつ後花園も回復。そんな折、我が子の病状を心配する貞成親王のもとに一通の手紙が届いた。差出人も、やはり義教。そこには「後花園天皇の体調不良についてお見舞い申し上げます」と慇懃《いんぎん》な言葉が綴《つづ》られており、また手紙と同時に大量のお見舞い品（松茸《まつたけ》二合、唐餅《からもち》一合、柿《かき》一合）が届いた。義教は後花園の体調を日頃から気にかけていたようだ。

この体調だけではなく、義教は後花園が天皇家家長として催した諸事にも気にかけていた。ここでは永享一一年（一四三九）の禁裏懺法《せんぼう》を例にとろう。懺法とは経を読誦《どくじゅ》して、罪過を懺《ざん》悔《げ》する仏教儀礼のことだが、一週間にわたる懺法のうち、義教はまず初日に臨席した。そして、管絃（楽器の演奏）なども催された最終日にも義教は懺法の会場である内裏を訪れ、装飾品などの準備を請け負った。さらに、精進ほどき（肉食を慎むなど仏事のための生活様式を平常に戻す儀式）については、「父の義満が康暦年間（一三七九〜八一）の御懺法でそうしたから」と言って自ら現場指揮を買って出ただけでなく、さらには高価な贈り物も内裏に届けさせた。義教は後花園の仏事執行を全力で手助けしていた。これまで紹介した他の事例も併せて考えると、義教はあらゆる場面で後花園をバックアップしていたといえるだろう。まさに、後花園にとっての〝「王家」の執事〟だったのである。義教は後小松との個人的な相性はよくなかったが、後花園との折り合いは良好だったのである。

御禊行幸での出逢い

義教は後小松のことを苦手とし、後花園とは良好な関係にあった。それでは、もう一人のキーマンとの相性はどうであったか。後花園の実父、貞成親王との関係についても考えていこう。

義教が将軍となり、後花園が天皇になって以降に限れば、貞成と義教の直接的なファーストコンタクトは、後花園即位に伴う大嘗会の際である。対面したのは永享二年（一四三〇）の一〇月二八日で、大嘗会に先立って行われる御禊《ごけい》行幸という儀礼を観覧すべく貞成が伏見から京中に上洛したことを契機とする。

その日、貞成は夕方に義教への挨拶に伺うということで朝からあたふたしていた。まずは「今日は宜しくお願いします」と使者を義教に派遣したところ、「夜に参内するので、その前に来てほしい」との返答があった。そこで慌てて貞成は正装に着替えて牛車に乗り込み、義教邸の四足門で下車して参入すると、御会所で義教と対面した。その際、貞成が先に端の座で待っていたところ、あとから義教が入ってきて、さらに端の座、つまり下座に着いた。そして貞成に、「どうぞ奥の座（上座）におかけになってください」と案内した。貞成は何度か辞退したが、結局、従うことになり、いろいろと挨拶の言葉を義教に伝えたが、義教は言葉を発さず、ただ会釈《えしゃく》するだけであった。これが貞成と将軍義教との初対面である。

この初対面にはいろいろと裏側があった。対面の三日ほど前、貞成は挨拶について武家伝奏でもあった勧修寺経興《つねおき》を介して義教に相談した。それに対し義教は「本当ならこちらから伺うべきなのですが……」としながらも、貞成の義教邸への挨拶を承諾した。しかし、このやりとりを憤懣《ふんまん》やるかたなく眺めていた人物がいる。後小松である。御禊行幸の始終、ずっと後小松は不機嫌だったという。なぜならば称光即位の御禊行幸においては義持が自身の行幸見物を世話してくれたのに、今回の義教は自身ではなく貞成のお世話をしたからである。義教が貞成と対面した裏側には、「後小松より貞成を厚遇したい」という義教の本音が見え隠れする。忘れてならないのは、それが義教と貞成のほとんど初対面に近かった点である。つまり、義教は互いの信頼関係構築とは無関係なところで貞成に執心していたのである。義教が後小松を苦手としていたことの裏返しであろう。

初対面直後の二人

初対面のあと、義教は軽く貞成のストーカーのようになる。初対面の翌月、義教は広橋親光という廷臣を貞成のもとに遣わした。当時の親光は伝奏という公武の連絡役の中でも、特に実力者であった。親光の使命は「貞成の居所は狭くないか、詳しく見てこい」というものだった。その際には、「大嘗会がつつがなく挙行されたことについて、特に貞成に参賀しなさい」と義教が広く命じていたことも知らされた。

魑魅魍魎《ちみもうりょう》あふれる中世という時代の、さらに伏魔殿《ふくまでん》のごとき上流社会を生きた〝みやこびと〟らしく、直接的な言葉を使わず、回りくどく自身の本心を斟酌《しんしゃく》させようとする物言いだが、要するに「今度、そちらに御成《おなり》（貴人の来訪をいう）するので準備しなさい」ということを伝達しているのである。それに対し貞成は自身の女官で義教にも顔が利く西雲庵《さいうんあん》という人物を通じて、「私の御所は狭いので、近くの指月庵《しげつあん》という寺庵あたりでどうでしょうか」と返答したが、義教は「寺は良くない。御所へ行きたい」と譲らなかったので、貞成はそれを受け入れざるをえず、年内実現が決定事項となった義教御成の準備に忙殺されることになった。

義教の貞成邸御成は一二月二〇日に実現する。その前日の貞成は「客殿は座敷とし、寝殿は六間《けん》、常御所は四間分として……」だとか、「障子を撤去して屏風《びょうぶ》を三双立てる。畳を敷き詰め、筵《むしろ》も用意しなければ……」とお迎えするための準備に、まさに〝馳走《ちそう》（奔走すること）〟していた。そして当日。お昼頃、貞成邸近くの大光明寺に義教が到着したとの報告を受けた貞成は、急いで正装に着替えると、縁側まで義教を出迎えた。大わらわになりながら御成を迎え入れる貞成の姿を見ていると、これは貞成が望んだものではなく、義教が前のめり気味に実現させたものであることが伝わってくる。義教の貞成贔屓《びいき》は、相手を思ってのことというより、自己満足的なところがあった。だから、どこかストーカーっぽいのである。

伏見宮家への思い

とはいえ、貞成自身は当惑することも多々あっただろうが、義教が面倒を見てくれることは、伏見宮家全体としてはありがたいことであった。

例えば、子だくさんだった貞成には「かかこ」という娘がいた。後花園から見ればずいぶんと年の離れた妹であったが、そのかかこは義教の猶子となった上で、鹿苑院《ろくおんいん》の喝食《かっしき》（幼少の出家者）として仏道に生きることとなった。将軍の猶子になっておけば、出家先で邪険に扱われることはない。したがって、しばしば廷臣たちは出家する庶子たちを将軍などの猶子としてもらったのであるが、貞成としては、妹が将軍猶子になったら後花園がどう思うか、少し心配だったらしい。

その心配は杞憂《きゆう》に過ぎず、後花園は貞成に「おめでたいことです」と書状を遣わし、かかこは無事に鹿苑院に入室することになったのだが、その際のお布施は義教が準備してくれた。また衣装などを差配してくれたのも義教であった。そういうこともあって、かかこは鹿苑院に入室すると即座に義教のもとへと赴いて挨拶し、その次に内裏へと向かった。兄であり天皇でもある後花園よりも、義教を優先したのだが、それも当然であろう。それくらい義教は伏見宮家をお世話したのである。

かかこ以外にも貞成にはたくさんの女子がいた。かかこが鹿苑院に入室したのと同じ年にさらに女子が生まれた。この際、貞成は「また姫宮か。娘はたくさんいるからなぁ、なんてことを言うわけにはいかないよなぁ。とりあえず良かった良かった」と正直に自身の日記に書き記している。そのような貞成の人間くささを現代人がどのように評価するかはともあれ、それくらい女子には恵まれた。他にも、かかこが鹿苑院に入室したのと同じ年に、大慈光院《だいじこういん》という寺院に入室した女子がいた。この女子が入室する際にも、義教はあれやこれや万端の手配をしてくれた。貞成としては少し対応が面倒な相手であったとしても、義教に足を向けて眠れないのである。

以上のように、義教は貞成所生の娘たちの後見人の役割も担っており、家族まるごとひっくるめて伏見宮家を贔屓にしていた。言い方を換えると、義教は「後花園の実家は伏見宮家である」という政策を掲げ、「後花園の父親は後小松ではなく貞成である」という既成事実を積み重ねようとしていたといえようかと思う。

とはいえ、義教の行動は、それを踏まえてもなお、〝「王家」の執事〟であったことも、ここまで見てきた事例は示している。義教は〝伏見宮「王家」の執事〟を自認していたようだ。筆者は、これを単に後小松との人間的関係の反動だと解釈しているが、何らかの広がりを持つ政治的意味合いがあったのかもしれない。いずれにしても、称光天皇死後も「足利将軍家家長が〝「王家」の執事〟として上皇－天皇父子を支える」という基本構造は義教においても不変であった。個々の人間関係には種々の様相があったので、それについては無視もできないし、逆に過大評価も禁物だが、構造そのものに大きな変化はなかったことがここでは重要である。

第五章　儀礼的昵懇関係とその裏側
――室町時代後期

1　後花園天皇と義政

義政の登場

ここからは足利義教《よしのり》の次の時代、義政と北朝天皇家との関係について論じていく。教科書などにも出てくるように、義教は嘉吉の変により暗殺される。その後継者として義教子息の義勝《よしかつ》が立てられたものの、その義勝も嘉吉三年（一四四三）の七月に一〇歳で死去してしまう。義勝の早世を受けて、急遽、将軍に仕立て上げられたのが、義勝の同母弟の義政であった。義政への将軍宣下は、それなりの年齢になってからということで、文安《ぶんあん》六年（一四四九）の四月末となったが、その四ヶ月後には参議の官職も義政に与えられた。そして、それに伴い参内始を遂げ行ったのが八月二八日。この日、義政は左衛門陣より内裏に参

天皇家略系図⑧（数字は皇位継承の順序）

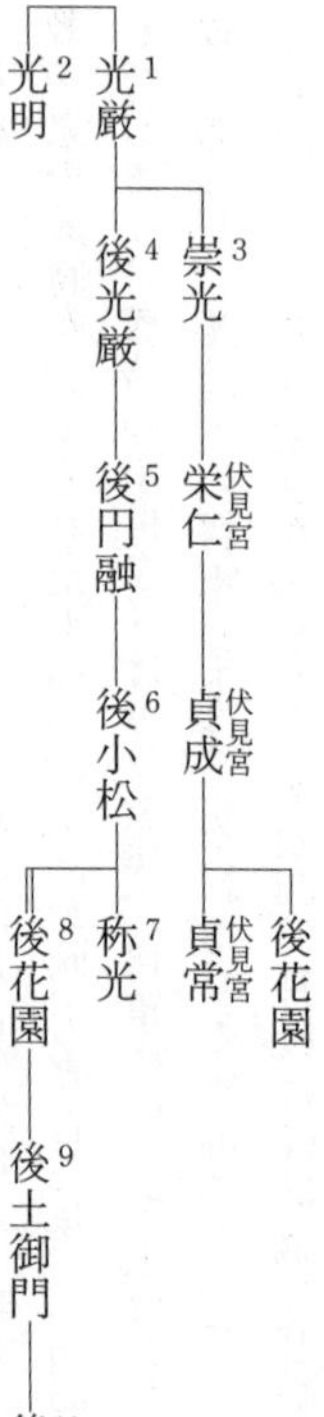

入し、議定所《ぎじょうしょ》で後花園天皇と対面した。公的には、これが義政と後花園の初対面ということになろうか。ともあれ、これ以降、両者の交流は密なものとなっていく。

後花園天皇は、寛正《かんしょう》五年（一四六四）七月に後土御門天皇に譲位するが、その翌日に廷臣たちは義政のもとへと参賀している。新天皇の誕生が足利将軍家家長の慶事と認識されているのであり、義政が父祖と同じように〝「王家」の執事〟という立場を継承していたことを示唆している。そのことは譲位した後の後花園との関係性からも裏付けられ、例えば、後花園が上皇となって初めての御幸（御幸始）として訪ねた先は義政御所であった。これは後小松上皇が御幸始として義持御所に赴いたことを先例としており、後花園と義政の関係が後小松と義持の関係との相似形であったことを示している。

儀礼見物と舞御覧申沙汰

総じて義政は歴代将軍の行動様式を踏襲した。あるいは、それまでの室町将軍の行動様式を踏襲できた最後の将軍であった、と表現した方が正確かもしれない。義政が父祖たちと同じような行動様式にあったことを示す事例をいくつか紹介しよう。

まずは享徳《きょうとく》元年（一四五二）の踏歌節会について。踏歌節会とは正月一六日に行われる朝廷の年中行事で、この年は内弁（参列廷臣の代表者）の役割をまだ一三歳の九条政忠《まさただ》（のちの関白）が務めた。政忠はその作法を一条兼良《かねよし》（一条経嗣の子で、二条良基の孫。当時屈指の知識人）に教わったらしい。九条政忠が真面目に作法の確認をしたのは、この年の踏歌節会が例年とは少し違ったからである。義政が節会を見物したのである。義政が見物するというので、例年とは異なり時間厳守で執行された。公家社会においては非常に珍しいことである。

このように、この年の踏歌節会は「ちゃんとやる」を実現しなければならなかったので、内弁の九条政忠も予習が求められたということだろう。なお、義政は舞楽や雅楽が奏される頃まで見物し、そこから後花園との酒宴を楽しんだ。ここで強調すべきは、朝廷儀礼である節会を見物するというのは、実は、歴代室町将軍の通過儀礼として故実化していた点である。足利将軍家の故実に則り、義政は朝廷儀礼や公家社会との関わり持つようになっていた。

節会を見物した翌年の四月、後花園は舞御覧《まいごらん》を催した。舞御覧とは、この場合、内裏に舞台を設けて舞楽を催す行事といった意味であるが、義政はその準備や費用負担などを請け負っている。もちろん、舞御覧そのものにも臨席した。当日の義政は内裏内の長橋局《ながはしのつぼね》という部屋に入って衣装を改めてから、後花園天皇のもとへと参上する。それを合図に演舞が始まり、舞の終了後は後花園のもとで酒宴が開かれた。贅沢《ぜいたく》の限りが尽くされた宴席は大いに盛り上がり、途中、和歌会もあったりして、義政が帰宅したのは夜更けだったという。禁裏舞御覧におけるこのような義政の行動様式も義持や義教のそれを継承するものである。そうやって先祖と同じように、天皇家や朝廷儀礼に関与するようになった義政は後花園との個人的関係も深めていった。

義政を注意する後花園天皇

義政と後花園の関係を物語るものとして巷間《こうかん》に広まっている著名なエピソードがある。応仁の乱の拡大について後花園が義政に苦言を呈したというのが、その内容である。これは軍記物語などの創作ではなく、実際にそういうことがあったらしい。例えば摂関家の近衛政家は日記に「聞いたところによると、後花園上皇のもとから義政に勅使が派遣されたという。細川勝元が受け入れないだろう」と書き記している。後花園から義政に伝えられた内容は「世伏見宮貞常親王（後花園の弟）や一条兼良が使者となったらしい。ただ、いまとなっては細の中のことについて、問題がないようにすることが大切だ」というものだったと記されている。

この件については、南都《なんと》奈良の興福寺《こうふくじ》にも伝わっており、同寺の高僧の日記『経覚私要抄《きょうがくしじょうしょう》』には、「京都の様子については後花園上皇の仰せにより三宝院義賢《ぎけん》（足利義満の甥で、満済の次の三宝院主）などが仲裁に奔走しているという。まずは平穏になったとの話もあるが、あやしいものだ」との記述がある。応仁の乱の拡大について後花園が義政に注意したのだが、これは両者の関係が険悪だったことを示しているのではなく、良好（いわばツーカー）であったからこそ可能だったのであろう。

後花園と義政については次のようなエピソードもある。長禄《ちょうろく》元年（一四五七）の五月、後花園天皇が「足利尊氏の仏事を安楽光院《あんらくこういん》で行うように」との指示を出した。それにより事前準備が進められたものの、なかなかお布施が集まらず延期となったのだが、この出来事に対して興福寺高僧の尋尊《じんそん》は「持明院統が皇位を継承してこられたのは、尊氏の忠節（光厳院の擁立）が端緒である。それゆえ尊氏仏事に後花園天皇が熱心なのは当然だろう」と感想を書き記した。足利家の仏事である尊氏追善について後花園が粉骨したのである。後花園の側から義政に協力を働きかけることもあり、先の応仁の乱についての勅言も、その延長線上で理解すべきだろう。後花園と義政の関係は極めて良好だったのである。

猿楽を介した交流

後花園と義政との関係が良好だった理由の一つに、芸能の好みが合う、という要素があった。

寛正五年（一四六四）の二月九日、後花園天皇は院御所で観世能を催し、評判となっていた能楽師である音阿弥《おんあみ》の演舞を初めて堪能《たんのう》した。音阿弥の能を観覧することは後花園にとって宿願だったらしいのだが、その際には、義政も臨席している。おそらく義政がコーディネーターだったのであろう。そして、これ以降、後花園が観世能を何度も観覧するようになったことは、寛正七年の二月三日に義政とともに一七番もの観世能を楽しんでいる事例などからも明らかである。それを踏まえて後花園と能愛好に対する義政の立ち位置についてさらに見ていこう。

後花園が初めて音阿弥の能に接した応仁元年（一四六七）の三月九日、仙洞御所で猿楽能があった。その際には一条兼良も誘われているが、それらの勧誘も含めて、万端を取り計らったのが義政であった。同じように義政が後花園の仙洞猿楽興行を取り計らった事例は文正《ぶんしょう》二年（一四六七）二月二七日などにも確認されるなど、観世能などの猿楽に熱を上げる後花園に対して、義政はサポートを惜しまなかった。義政が後花園に音阿弥の芸を紹介して以来、能は両者にとって共通の趣味となっていった。

和歌と蹴鞠

後花園と義政が共通の趣味としていたのは能だけではない。二人は何かと気が合ったようだ。そして、その背景には義政が公家的教養に恵まれていたことがある。

享徳二年（一四五三）二月九日、義政は廷臣を引き連れて後花園実父の貞成《さだふさ》親王御所へと出向いた。そこでは、まず酒宴があって、それから蹴鞠《けまり》が行われた。この日のメインであった蹴鞠は日暮れまで続き、伏見宮家の貞常親王などが鞠足《まりあし》（プレーヤー）を務めたという。暗くなってからは再び酒宴が開かれ、さらに和歌会や管絃も催されたという。義政が退出した頃には夜中になっていたらしい。まさに朝から晩までありとあらゆる公家的な遊興が繰り広げられたのである。

右の事例は和歌や蹴鞠を通じた義政と貞成親王の交流を示すものであるが、もちろん、後花園本人とも同じような交流を繰り返していた。右の事例から二ヶ月ほど後のこと、義政は後花園のもとへと参内した。そのときの目的も、やはり蹴鞠にあった。そして日が暮れると例によって和歌会が開かれ、そのまま酒宴へと突入する。先ほどの事例とほぼ同じパターンである。義政は和歌や蹴鞠への造詣が深く、それが天皇家との交流を促進していたといえるだろう。

ちなみに、このような交流を成立させていたのは、将軍家側による費用負担である。先の貞成親王との交流においては、酒宴の準備を義政が請け負い、酒類については義政の妻の日野富子《とみこ》が前日のうちに搬入していた。また、後者の事例においては義政が一万疋の費用を進上している。義持や義教の時代から、天皇家と将軍家の関係性の構造は変わっていないのである。

上皇と天皇の共演

後述するように、応仁の乱が勃発すると、将軍家と天皇家は同居するようになる。天皇家が将軍邸に疎開したからである。そして、両家が同居している期間においては、よりいっそう文芸を通じた交流が盛んになる。

例えば応仁の乱激戦期の文明二年(一四七〇)三月二三日、義政は隣の棟に住む後花園上皇と後土御門天皇を自らの居所に招いた。そこでは観世大夫の松葵が猿楽を演舞したが、戦時中ということもあってか能役者が不足しており、そこには細川家の被官《ひかん》(家臣)である能役者も交じっていたという。また、進上物についても陣中ということでいろいろと指示があり、太刀《たち》など刀剣武具類は全く含まれなかったらしい。しかし、そんな状況であっても義政は後花園（及び後土御門）と能を楽しむのである。

後花園が崩御する八ヶ月前、文明二年四月二六日に催された鞠会は、義政と後花園による文芸を通じた交流のクライマックスともいえる。この日、当時の皇居であった室町殿内の常御所に後花園上皇と後土御門天皇が顔を揃えて、鞠会が行われた。上皇と天皇が遊興の場で立ち並ぶというのは、中世においては先例から逸脱することであり、「遥《はる》か昔の作法はあるが、こういう時節なので、極めて内々の儀ということで」として敢行された。

本来なら許されないことも、戦時中ということで合理化される。そのような非常事態を逆手にとって、義政は後土御門と共演したいという後花園の願望を叶えたのである。周囲の人々は、「鞠足として所定の位置に進むときの後花園の晴れ晴れしい表情は、一生忘れられないだろう」と思いを書き残している。また後花園は鞠会の後の酒宴の際には琴を取り出して演奏し、様々に思うところを口にしたという。晩年に後継者の後土御門とともにこのような場に出御《しゅつぎょ》できたことへの感謝の思いが述べられたのであろう。義政は後花園晩年に至るまで献身的に支え続けた。後花園と義政は芸能を介して意気投合し、昵懇関係を構築していたのである。

2　後土御門天皇と義政

内裏の焼亡

後花園と義政の間柄については確認できたので、次に後花園の次代、後土御門天皇と義政の関係について見ていこう。両者の関係を端的に物語るのは、文明一一年（一四七九）の内裏火災に際してのやりとりである。

同年の七月一日、近衛政家のもとに内裏近辺で火災が起きたとの一報が届けられた。政家はまず下部《しもべ》に様子を見に行かせたが、容易ならざる状況にあると伝えられたので、政家も自ら火災現場に駆けつけたところ、後土御門は輿《こし》に乗り、三種の神器を携えて安禅寺《あんぜんじ》という寺院へ逃れたと知らされる。大宮長興《おおみやながおき》という地下官人《じげかんじん》（下級の廷臣）は、より詳しい情報を書き残してくれていて、夜中に内裏が火災に見舞われると、管領の畠山政長《まさなが》が多くの被官を引き連れて救助に参上したという。政長被官が数十人で御物《ぎょぶつ》（天皇家伝来の所蔵品）等を運び出すなど、避難については全てを管領畠山政長が取り計らったらしい。緊急事態での忠節は比べるものがないほどだということで、やがて政長は後土御門天皇のもとに召され、平鞘《ひらざや》の御剣《ぎょけん》（装飾が施された太刀《たち》で、贈答品として用いられることが多かった）を賜った。

こうして当面の仮住まいを余儀なくされた後土御門であるが、どこか天皇本人は脳天気だった。火災から一週間後、後土御門は廷臣と次のような会話をしている。後土御門が「何度も内裏が火事になるのは私の至らなさだ」と呟《つぶや》くと、中院通秀《なかのいんみちひで》という廷臣は「聖代においてもこういうことは何度もありました」と返し、さらに雑談のついでに通秀が「北野社で霊験《れいげん》を感じさせる神変があったようです。ということは内裏の火事も、そういった神のお告げなのでしょう」と述べると、後土御門は「日吉社でも霊験があったという。末代だが、神は我々を見捨てていない」と、なぜか前向きに解釈するのである。

義政との不和と再建

脳天気というよりも、ひょっとしたら後土御門にとって内裏の火事は他人事《ひとごと》だったのかもしれない。厳密には、内裏の火事そのものは自身に関わるに決まっているのだが、内裏の再建は他人事なのである。

火災の翌日、大宮長興は安禅寺で避難中の後土御門を訪ねた。安禅寺への避難は夜中であったが、避難といえども天皇の外出ではあるので行幸という扱いになる。それゆえ夜中の行幸の先例探し、あるいは正当化の理屈探しが必要となり、「臨機之儀（ケースバイケース）」という、理由になっていない理由で正当化することとなった。それと同時に、当面の御所をどこにするかを義政と相談しようということになり、廷臣を義政のもとへと派遣することに決まった。しかし、義政の反応ははかばかしいものではなかった。六日になって、後土御門は伝奏の甘露寺親長《かんろじちかなが》に「今回の件について、義政に種々の相談をしたが、義政の返事がまだない」と困惑を吐露している。とりあえずもう一度、返答を催促するべく勧修寺教秀《かじゅうじのりひで》を改めて義政のもとへ派遣すると、「今日、返事をするとのことです」という義政の意向が伝えられた。

義政の反応が微妙だったのは、ちょうどこの頃、後土御門と義政は喧嘩の真っ最中だったからである。義政としては、「都合のよいときだけ頼ってくるなよ!」といった気分だっただろうが、結局は義政が助けてやらないとどうにもならない問題である。いろいろと大人げないエピソード満載の義政であるが、このときは最終的には大人として振る舞った。比較的住宅事情に恵まれていた日野政資《まさすけ》(富子の兄勝光《かつみつ》の子)に、自邸を後土御門の臨時御所として提供するよう働きかけ、政資もそれを受け入れたので、七月一一日には後土御門も政資邸に落ち着くことができた。

お昼頃に腰輿《ようよ》に乗った後土御門は、牛車に乗った若宮(のちの勝仁《かつひと》親王、後柏原天皇)とともに政資邸へと入る。供奉《ぐぶ》の公卿と殿上人はそれぞれ七人前後だったという。なんだかんだで、後土御門の世話は義政が見るのであり、後土御門は仲違《なかたが》い中であっても義政に全面依存するのである。

どさくさに紛れる後土御門

内裏の再建を仲違い中の義政に全面依存するだけでもずいぶんな話だが、後土御門の図々しさはそれだけにとどまらなかった。先に義政が後土御門からの使者にすぐには反応しなかったことを述べたが、それは単に二人が仲違い中だったからという話ではなく、火事場のどさくさに紛れて、後土御門が無理難題をふっかけたからである。

義政は後土御門から遣わされた使者には返答しなかったが、中院通秀を介して自身の意向を伝えており、その際の詳細が通秀の日記に記されている。それによると、後土御門は内裏再建とともに「内裏はしばしば火災に見舞われるので、三種の神器と若宮（勝仁）は義政のもとで預かってほしい」と依頼していた。それに対して義政は「とにかく驚いております。親王や三種の神器については、そういうご意向があることだけ承っておきます。とにもかくにも内裏の再建を急ぎ、お戻りになられるよう善処します」と返答した。

ここでの問題は「三種の神器と勝仁は義政のもとで預かってほしい」の含意である。次期天皇と三種の神器が同居するということはどういうことか。つまりこれは、「皇位を勝仁に譲りたい。勝仁のための新内裏は義政の責任で宛《あ》てがってほしい」との要求なのである。それに対して義政は難色を示し、その意向を通秀は後土御門に伝えた。通秀は「こういうタイミングで譲位儀は難しい。いろいろ大変な時節柄、思いとどまるべきでしょう」と、より直截的な表現で後土御門にストップをかけた。なお、通秀は「後土御門天皇の機嫌が悪くならなかったので良かった、良かった」とも書き加えている。

後土御門が自身の内裏の火災に対して、なぜか前向きで、そして脳天気だったのは、内裏火災と譲位をこじつけて、二つの問題を一挙に解決しようという（後土御門にとっての）グッドアイデアが思い浮かんだからである。それでは、なぜ内裏火災と譲位がペア案件となりえたのだろうか。それは、「なぜ中世においては慣例化していた生前譲位を後土御門は実現させられなかったのか」という問題に関わる（後土御門は在位したまま天寿を全うするという、中世においては異例の人生を送った。そしてその後の戦国期の天皇たちも、やはり生前譲位を実現できなかった）。

火災から三週間ほど経った七月二〇日に地下官人の壬生晴富《みぶはれとみ》が町広光《まちひろみつ》という公卿との会話で得た情報によると、義政は「譲位となれば仙洞御所を造営したり、御幸始をしたりしなければならないですし、皇位継承に関する諸儀礼も発生します。しかし、この時節柄ではそれらの費用を工面することは到底叶いません」として譲位に難色を示したことがわかる。後土御門は内裏火災のどさくさに紛れて、内裏再建と譲位儀をこじつけ、皇位継承儀礼・仙洞御所造営の費用まで義政に要求したのである。この一連のやりとりに、義政（足利家）と後土御門（天皇家）との関係のエッセンスが見事なまでに凝縮されているといえよう。

いずれにせよ、後述するように足利将軍家には北朝天皇家を担ぎ続けなければならないという宿命があった。後土御門の要求を無下に断ることもできない。義政は「若宮については私のもとでお預かりして、元服などを責任を持って取り計らいます」として、後土御門を宥めすかすしかなかった。

勝仁親王の元服

結局のところ、義政は勝仁の元服を請け負わなければならなくなった。

内裏焼亡の翌年末、関白近衛政家のもとに後土御門の指示が届いた。内容は、「宮御方《みやのおんかた》の諱《いみな》（元服を契機に付けられる〝下の名前〟）について良い文字を推薦しなさい」というものであった。そこで政家は「衆仁」「勝仁」「賢仁」「貞尊」「益仁」「良仁」「英仁」を列挙した上で、「勝仁か良仁が宜しいのではないか」と返答した。この時期に諱が取り沙汰されたのには理由がある。政家が候補を勘進した翌日に親王宣下があり、「宮御方」は「勝仁親王」となったのだが、この日に宮御方への親王宣下があったのは、その翌週に義政邸で元服儀を遂げることになっていたからである。勝仁親王は文明一二年（一四八〇）一二月一三日に親王宣下され、二〇日に元服を遂げた。

元服費用をめぐる攻防

ただし、ここまでこぎ着けるのにも紆余曲折があった。そもそも、なぜ義政が後土御門の譲位保留と引き換えに勝仁元服儀の実施を確約したかというと、宮御方が即位して、そこから元服儀と遂げるとなると、天皇元服儀という体裁でそれを挙行しなければならなくなり、莫大《ばくだい》な費用が必要になるからである。親王である段階の元服儀であれば、必要経費は大幅に軽減される。それゆえ、「何が何でも、まずは宮御方を元服させてしまおう」ということになったのである。

しかも、義政が引き受けたのは会場の提供と自らが所役を勤仕することだけであった。費用は天皇家で自弁することとなった。応仁の乱により疲弊したのは公家だけではなく武家も同様であった。幕府や将軍家とて、ない袖は振れない状況に陥っていたのである。後土御門としても、「あまり譲位、譲位と騒ぎ立てるなら、宮御方の元服も含めて、いっさい面倒を見ないぞ」と義政にへそを曲げられても困る。会場提供と所役勤仕の協力だけでも、内裏火災にかこつけた、内裏再建確約に加えてのプラスアルファを求める交渉における最低限の収穫とした。

そこに至るやりとりについても史料が残されているので、簡単に内容を紹介すると、まず、元服費用に関する後土御門元服時の先例について、義政から公家社会に諮問があった。伝奏の甘露寺親長が返答することとなり、「天皇家領への賦課で賄いました」と伝えた結果、今回の勝仁元服儀についても費用は天皇家領から調達することになった。また、義政は当代きっての知識人であった一条兼良に略儀での元服儀について相談し、兼良は「加冠役は義政様がふさわしい。義政様の御所でやるのが良いでしょう」と意見した。費用は天皇家が持ち、加冠は義政が務めるという方針に決定したのであり、義政の協力は所与の前提であった。

後土御門の意向

ただし、後土御門はどこまでも図々しく、「ご自身の皇子が元服儀を遂げる費用は自家で賄ってほしい」と伝えられると不機嫌になった。後土御門の発想は、というよりも、歴代北朝天皇家の発想は、「我が息子が元服儀を遂げる費用は他家（足利将軍家）が賄うべきである」というものだったからである。

勝仁元服儀の方針について甘露寺親長から奏聞《そうもん》された後土御門は、「加冠について義政が良いというのであるなら、そういうことで宜しい。しかし、費用については、近年は形式ばかりの年貢も上がってこない。元服儀みたいな大儀を天皇家領だけで賄うのは無理だ。未進《みしん》分（未納分の租税）を催促して徴収できたとしたら可能かもしれないが……」との反応を示した。

ある程度は予想できていたとはいえ、後土御門の難色を聞いた義政は困惑する。「勝手にしてくれ」というのが本音だっただろう。

しばらくして後土御門に伝えられた義政の言い分は、「元服費用は賦課が納入されていない料所（天皇家領）に催促するべきなので、それも含めて準備を急がれたい」というものであったが、それに対して後土御門は、「費用が集まらないのに、事を急げといわれても困る。未進催促をして徴収に成功したとしても、元服儀だけにそれを回すことはできない。他の公《く》事《じ》費用にも使わねばならないし。まずは費用を確保して、その上で、加冠役の人事などについても決めることとなる」との意向を示した（なお、この場合の「公事」とは宮中の儀式・行事のことを指す）。要するに、「武家の責任で費用確保をしてくれなければ、加冠役を義政にお願いするとは限らないぞ」と言っているのである。ここまでのやりとりを簡略化すると次のようになる。

後土御門「内裏が火事になった。内裏を再建してほしい。ついでに院御所も造ってほしい。譲位したいので」

義政「譲位は時節的に無理です。とりあえず若宮を元服させることで、譲位に一歩でも近づきましょう。先例通りの執行となるよう、加冠役は足利将軍家家長である私がお手伝いします。ただし、費用はそちらで用意してください」

後土御門「費用も含めて万事責任を持ってもらわないと困る。だったら加冠役をやらせてあげないよ」

おそらく義政は、別に勝仁元服儀の加冠役をやりたくてしかたなかったわけではあるまい。先例通りに親王元服が実現されないと天皇家としても困るだろうからと協力を申し出たのであろう。しかし、後土御門は加冠役勤仕を交換材料に、費用負担を義政に迫ったのである。単純化すれば、義政が「お困りでしょうから可能な範囲でお助けします」と申し出たところ、後土御門は「そんなに助けたいのならまかせてもかまわないが、完全に自分たちを満足させられないのであれば、「天皇家を助けたい」というあなたたちの切実な願望を満たさせてあげないよ」と返したのである。

困ってお願いしている側が、なぜか上から目線になるという交渉スタイルだが、後土御門はなんとしてでも、費用面も含めた全ての負担を義政に押しつけた上で、勝仁の元服ばかりか、その先にある譲位という自己の宿願を叶えたかったのである（結局、天皇家領からの収入で賄う方向性で計画は進んだ)。もっとも、天皇と将軍家家長のこういう関係性が特別なことでなかったことは、本書をここまで読み進めていただいた読者にはご理解いただけるだろう。後土御門は度が過ぎていただけである。

強いて後土御門の弁護をするなら、それまで当然のように負担してくれていたものを、将軍家が賄えなくなったので、度を過ぎて図々しく交渉せざるえなかったといえるかもしれない。いずれにせよ、後花園や後土御門と義政の関係は、北朝天皇家を足利将軍家が丸抱えするというあり方の究極型であった。ただし、応仁の乱以降、戦国の世が混迷を極めるにつれ、将軍家も天皇家を丸抱えする余力を失っていったのである。

3　天皇の葬儀と足利将軍家

後花園法皇の崩御と義政

ここまでの叙述において、天皇家と将軍家の関係の構造を押さえた上で、天皇個人と将軍個人の関係を示してきた。どちらかというと天皇と将軍の個人的な相性にスポットライトを当てることも多かったので、単に「室町時代の天皇と将軍は個人的に仲が良かった(悪かった)」という話として伝わっているかもしれないが、実際はもう少し複雑である。その、もう少し複雑な部分について、天皇家の葬儀における将軍の振る舞いを素材に考えていこう。

まずは「個人的に仲が良かった」事例として、後花園の葬儀における義政の振る舞いを見ておく。文明二年（一四七〇）の年の瀬も押し迫った一二月二六日、甘露寺親長のもとに廷臣の中御門宣胤《のぶたね》が駆け込んできた。宣胤の口から発せられたのは「後花園法皇が体調を崩し、医師が呼び出された」という衝撃的な言葉であった。親長は大急ぎで駆けつけたが、すでに後花園は危篤状態。周囲に聞いたところ、中風《ちゅうぶう》だという。なお、中風とは脳卒中発作の後で現れる半身不随のこととされる。翌二七日、後花園はそのまま帰らぬ人となり、知恩寺《ちおんじ》の僧が参入して念仏を唱えた。本来なら天皇家の菩提寺《ぼだいじ》ともいえる泉涌寺《せんにゅうじ》の僧が念仏を担うべきなのだが、当時の泉涌寺は荒廃していてそれどころではなかった。

崩御を受けて、公家社会は各種葬送儀礼に追われることとなった。例えば明けて正月一五日は二七日仏事であった。いわゆる初七日が「一七日」で四十九日は「七七日」と表記されるうちの「二七日」仏事であるが、そこでは御経《ごきょう》供養という供養が行われ、仏事が一通り終わった頃合いを見計らって義政も焼香に訪れた。さらに二月一六日の七七日法要では、区切りとなる四十九日だったからだろうか、昼頃に義政も駆けつけて、真っ先に焼香を行った。その姿を確認した甘露寺親長は、「区切りとなるまでの仏事が滞りなく終わったのはめでたいことだ」と書き記している。おそらく義政がいろいろと尽力したのであろう。

追善を続ける義政

義政の後花園仏事に対する姿勢は、終生変わらなかった。泉涌寺の体たらくは先にも触れた通りで、文明三年(一四七一)に応仁の乱による被害を受け、長きにわたる衰退期間となっていた。そういうこともあって白雲寺《はくうんじ》という寺で催された文明三年一二月二七日の一周忌に、義政は日野富子と連れ立って駆けつけている。それは三周忌においても同じだった。このときは富子が酒宴を準備したという。

中世においては三十三回忌も催されたが、主宰者が世代交代していることも多く、追善仏事は十三回忌で実質的に一区切りとなるのが一般的であった。後花園の十三回忌は京中だけでなく、伏見の般若三昧院《はんにゃざんまいいん》(後花園の分骨所)でも法要があり、伝奏たちはそちらにも出向いた。なぜなら義政が般若三昧院へと焼香に出向いたからである。義政は十三回忌まで後花園の菩提を弔い続けた。

なお、伏見の般若三昧院に後花園の分骨がなされた背景にも、やはり後光厳院流と崇光院流(伏見宮家)という皇統意識の相克が横たわっていたことが、近年の研究史で主張されている。

後花園の葬礼

追善供養への姿勢を見れば、義政が後花園の葬儀そのものにも参列していたことは想像に難くない。実際に、後花園葬儀に対する義政の思いは並々ならぬものがあった。当時の状況を示す史料が二つあるので、それぞれ紹介する。

まずはここまで何度も登場している甘露寺親長の日記『親長卿記』文明三年（一四七一）正月三日条には次のようにある。すなわち、親長が葬儀の会場である聖寿寺《せいじゅじ》を訪ねたところ、すでに導師（法要を主導する僧侶）が参入していて経供養が始まっていた。やがて義政が出棺に供奉するために参入すると、夕方には出棺があった。明徳年間（一三九〇～九四）に義満が後円融の葬儀に参列したときの先例に基づいた服装を身にまとった義政は、「応仁の乱の最中に外を歩くことは無用心で良くない」という細川勝元の制止を振り切って参列したという。

次に公家の日記『宗賢卿記《むねかた》』の同日条の内容を紹介しよう。夕方、後花園は荼毘《だび》に付されて、聖寿寺から悲田院《ひでんいん》へと出棺する運びになると、律僧の長老が遺体を載せた牛車に同乗し、義政は日野勝光（富子の兄）とともに歩いて供奉した。律僧が遂行した葬儀の最中、蹲居《そんきょ》（最敬礼）の姿勢を崩さなかった義政は、遺体が到着する前に悲田院に入ったのだが、その際には、日野勝光だけでなく、義政を制止した細川勝元も同道していた。義政は管領細川勝元も葬儀に付き添わせたのである。生前の関係を象徴するように義政は後花園の菩提をねんごろに弔った。

後小松の崩御

後花園を丁寧に追善した義政とは対照的なのが、後小松崩御に際して見せた義教の姿である。永享五年（一四三三）の九月三日、三宝院満済は義教からの手紙を受け取り仰天した。後小松上皇が体調を崩し、医師から「脈が危ない」と診断されたというのだ。それから二週間ほど経った九月一九日は、公武で不幸が重なった。

まず武家社会においては、義教が嗣立されて以降、幕府の重鎮として義教を支えてきた畠山満家がこの世を去った。満家は、義教にとって頭の上がらない人物の一人であり、この時期、そのような重鎮が立て続けに他界したことでタガが外れた結果、後半生の義教は「万人恐怖」（貞成親王の『看聞日記』中の表現）へと突き進んだともいわれている。そんな大物の死であるので、幕府としては上を下への大騒ぎである。しかし、大騒ぎをしたのは武家社会だけでなく、公家社会でも重大事項が発生していた。先日来ずっと体調を崩していた後小松が重篤な症状になったというのだ。〝「王家」の執事〟である以上、義教は大急ぎで後小松が臥《ふ》せる仙洞御所へと駆けつけた。

それでもしばらくは生命を保った後小松であったが、翌一〇月の二〇日に崩御した。この日の夕暮れに一報を耳にした貞成《さだふさ》親王は「覚悟はしていたが、驚きを禁じえない」との感想だけ記して、翌日の日記に続報を詳述している。貞成親王は、先述した諒闇問題に関して「後光厳院以来、直系で四代続いたが、ここで血脈は途切れた」「諒闇は未定である」というデリケートな内容を書き連ねるとともに、訃報を聞いた公家衆がこぞって駆けつけるなか、義教は姿を現さなかったことを記している。

見え隠れする義教の本音

義教は後小松の臨終に立ち会わなかった。立ち会おうとしなかったというべきか。崩御する後小松に対する義教の眼差《まなざ》しは冷淡だった。象徴的なのは葬儀である。義教は後小松の葬礼に関して満済に次のような諮問をした。すなわち「後小松上皇の泉涌寺での葬儀が一〇月二七日にある。明徳年間の後円融上皇葬儀については、義満様がお供したという。それゆえ私もお供すべきかと思う。生前仲良くしてもらったし。しかし、ここのところ風邪気味で、食欲もなく、医師には寒い中での外出を控えるよう言われている」と述べた上で、「義満様は特別な厚情によって参列しただけで、天皇葬儀に参列する義務は特にないと聞いた」と満済に尋ねたのである。要するに「その通りです」との返答を期待して、「風邪だから後小松葬儀に参列しなくてもいいよね？」と聞いているのである。

それに対し、義教の意を汲《く》んだ満済は「結局のところ、供奉するというのは、気持ちを表すための行動です。だとすれば、その気持ちは、今後、為政者として良い政治をして、後小松上皇の御遺書の内容を実現させることで表すことが大切です」と言い添えた上で、「大臣にお供する義務がないというのは全くその通りです。義満様の供奉は特別な思いを示すためのことであったようです。ですから、原則としては供奉した方が良いでしょうが、医師が止めているのであれば、無理して悪化したら良くないですので、今回の参列は見送るべきでしょう。四十九日までに焼香に上がることが大切です」と返答した。

義教と満済の共通見解となっているように、上皇の葬儀に参列する義務は、足利将軍家家長にはない。だから、体調が悪いのなら、欠席すればそれで良い。ただ、第四章で述べたような義教と後小松の人間的な相性の悪さに鑑《かんが》みれば、この場合の「風邪気味で、食欲もなく、医師には寒い中での外出を控えるよう言われている」は、まるで小学生が学校をズル休みするときの言い訳である。義満の先例がある以上、その気があれば義教は後小松の葬儀に参列することができた。参列する資格がありながら、そうしなかったのである。

もし仮病でなく本当に体調不良であったとしても、「風邪気味で食欲不振だから」程度の症状で葬儀に欠席するというのが、義教の後小松への姿勢であった。「大乱の真っ最中なので身の危険を顧みてください」と細川勝元から諫言《かんげん》されても、それを押し切って後花園の葬儀に参列した義政とは全く対照的だといえよう。

後円融葬礼と義満

義教は後小松葬儀への参列に消極的だったが、義満の先例が存在したがゆえに、欠席に若干の躊躇を覚えた。そこで、義満の先例についても確認しておこう。史料集『大日本史料』七編之一に収録されている『凶事部類記《きょうじぶるいき》』及び『諒闇記』によれば、義満は五条大橋《ごじょうおおはし》までは徒歩、五条大橋から泉涌寺までは牛車、泉涌寺門前から再び徒歩で、後円融天皇の葬儀に供奉したという。また、「天皇葬儀においては素服人《そふくにん》（特別に指名された貴族）以外お供しない決まりであり、義満の参列は故実から逸脱することになるものの、全く先例がないわけではない」とも記されている。

右は義満が後円融の葬儀に参列したことを確認したまでであるが、ここで思い出していただきたいのは、義満と後円融の関係性である。第三章で詳述したように、両者の個人的な相性は最悪だった。義満は後円融のことをネグレクトして廃人同様になるまで追い込んでいる。しかし、それでも義満は後円融の葬儀に参列した。この事実をどのように判断すべきか。本節の冒頭で、「単に「室町時代の天皇と将軍は個人的に仲が良かった（悪かった）」という話として伝わっているかもしれないが、実際はもう少し複雑である」と述べた。義満の後円融葬儀参列には、この複雑さが凝縮されている。

前節までで論じたように、「将軍と天皇は昵懇関係にある」ことが、室町時代の公武関係における大原則であった。これはどういうことか。原則として昵懇関係にあらねばならなかったとは、将軍と天皇(上皇)は個人的な相性が良かったから仲良くしたのではなく、そのようにしなければならなかったから仲良くしていた、ということである。将軍と天皇(上皇)は、実際の人間的な相性は差し置いてでも、「仲が良いふり」あるいは「仲が良かったふり」をする必要性があったのである。ちょうど現代の国家元首や外務大臣などが、外交の場においてカメラマンの前では他国の元首や外務大臣などとにこやかに握手するのと同じ構図である。仮に仲が悪かったとしても、あくまで表向きは、仲良さそうに振る舞うのである。

義満の葬儀参列は「後円融と仲が良かった」という体裁作りであり、政治的パフォーマンスであった。将軍が天皇や上皇の葬儀に参列するかどうかは、政治的判断による行動なのである。義政と後花園のように実際に仲が良ければ、そのままの気持ちを表すことと政治的効果が比例するので、そこまで深く悩む必要はない。問題は義満と後円融、義教と後小松のように個人的な相性が微妙なときである。

そういう場合においても、普通は義満のように参列するのが大人の振る舞い、あるいは社会人としてのマナーというものであろう。しかし、義教はそれでも欠席した。それは、政治的判断より自身の感情を優先するという義教の政治センスの問題かもしれないし、「後小松よりも貞成親王を優先することを視覚化する」という政治的判断に基づくものであったかもしれない。いずれにせよ、原則として室町時代の将軍家と天皇家は、仲の良いふりをする関係性にあった。筆者はこのような関係性を「儀礼的昵懇関係」と表現している。

4　伏見宮家と義教——貞成の視点から

貞成、将軍と出会う

北朝の天皇たちと足利将軍家家長は歴代にわたり儀礼的昵懇関係にあった。儀礼的昵懇関係と大げさな表現をしなくとも、要は社会人としての分別を持った付き合いをしていたということである。相手のことが嫌いだからといって、それをそのまま態度に表すようなことはしない。それはなにも室町期固有の現象でなく、今も昔も、たぶん洋の東西も問わず、人間社会とはそういうものだろう。ということを改めて感じさせるのは、貞成《さだふさ》親王の義教に対する視線である。

横井清氏がその著『室町時代の一皇族の生涯』（『看聞日記』改題）で活写したように、貞成親王は足利将軍を恐れていた。足利将軍家は開幕以来、徐々に公家社会に大きな影響力を及ぼすようになっていき、軍事力を背景として公家衆にも厳しく接することも少なくなく、将軍を怒らせて失脚した公家は義満時代も義持時代も多数いた。それを傍目《はため》に形成された貞成の将軍観は、端的にいえば「畏怖《いふ》」であったと横井氏は論じた。貞成の日記『看聞日記』の端々から伝わってくるという。

そのような貞成親王の畏怖は、義教に対しても同様であった。実は貞成は、足利将軍家家長として嗣立する前の、いまだ還俗していない時代の義円に会ったことがある。応永二七年(一四二〇)三月初め、僧侶だった義円は御香宮《ごこうのみや》猿楽をお忍びで観覧するべく伏見を訪問することとし、それを貞成に通達した。猿楽当日に貞成が義円に酒肴《しゅこう》を届けると、義円は上機嫌となり、夜中まで大宴会が繰り広げられたという。そのまま義円は二日酔い。翌日にも予定されていた猿楽見物をキャンセルした。それに対して貞成は、「良かった、良かった。今日も来られたら大変なことだった」とこぼしている。貞成にとって義円の来臨は迷惑でしかなかった。足利将軍家という存在に親近感を覚えなかったのであろう。

義教の片思いに戸惑う貞成

貞成の感覚は、義円が義教として将軍になってからもさほど変わらなかったようだ。それがよくわかる出来事が永享七年（一四三五）に起きている。この年の八月、貞成近習の田向《たむけ》経兼《つねかね》が山城《やましろ》国内の農村部へ蟄居《ちっきょ》すると挨拶に来た。義教の不興を買ったためだという。経兼は「将軍様の不興を買ったままで貞成様にお仕えすればご迷惑をおかけすることになるので」と伝えて主人のもとを去って行った。貞成は「不憫ではあるが、義教の怒りがすさまじいので私にはどうにもできない」との無力感を日記に書き連ねている。

その翌日には葉室宗豊《はむろむねとよ》という貴族から手紙が届く。貞成は宗豊から八朔《はっさく》（現在のお中元のようなもの）の付け届けも音信もなかったので「どうしたのだろうか」と思っていたところ、宗豊の手紙には「義教の怒りを蒙《こうむ》ったので、余波が及ばないように、挨拶等を自粛しておりました」と記されていた。すでに詳しく述べてきたように貞成は義教にストーカーまがいなほどに厚遇されていた。しかし、それゆえ同時に気難しさを実感する機会も多かったものと思われる。

翌永享八年（一四三六）の一一月、貞成のもとに義教より贈り物として鯉《こい》が送られてきた。少し前に義教は貞成邸に御成《おなり》していたが、それ以降、それまでは連綿と続いていた義教からの付け届けが途絶えがちになっており、貞成は「何か粗相があっただろうか」とひやひやしていたので、久しぶりの便りに胸をなで下ろした。

さらに、その翌年の一〇月のこと。庭田幸子《ゆきこ》が後花園天皇の行幸を見物に出かけた。幸子は貞成の妻室、つまり後花園の生母である。我が子の晴れ姿を見守るべく上洛することとしたのだが、貞成は念のため、内々に義教にお伺いを立てた。そうしたところ、「桟敷《さじき》で見物されたい」との意向が示された。義教としては上客としてもてなそうとしたのであろうが、もともと幸子は牛車を立てて見物するつもりだった。

牛車を立てて見るのであれば牛車だけ用意すれば済む。桟敷席となれば牛車で移動し（つまり牛車は用意しなければならない）、その上、桟敷で観覧するための各種の準備も必要となる。大きな駐車場に自動車を停めて車内から花火大会を楽しもうとしていたら、ドレスコードのある貴賓席に招待されてしまったようなもので、完全なるありがた迷惑である。それでも貞成は「ありがとうございます。身に余る光栄です。そのようにいたします」と答えるしかなかった。貞成は気難しい義教の機嫌を損ねないよう四苦八苦していた。義教は貞成を贔《ひい》屓《き》にしていた。しかし、貞成が義教に好印象を持っていたとは感じられない。貞成の義教に対する基本姿勢は〝迎合〟、この二文字に尽きる。

義教横死と貞成の感想

貞成の義教観を最も明瞭に示すのは、嘉吉の乱で義教が横死した際の反応である。

嘉吉元年（一四四一）六月、義教が赤松満祐《あかまつみつすけ》（播磨・備前《びぜん》・美作《みまさか》の守護）により暗殺されると、その情報は貞成のもとにも届けられる。貞成が収集した情報によると、義教が御成した赤松邸では、三献（酒肴の膳《ぜん》を三度変えること）にわたって酒宴が続いた。そして猿楽となったとき、屋敷の奥が騒がしくなった。「どうした？」という義教の言葉に、お付きの貴族であった正親町三条実雅が「雷の音でしょうか」と答えると、突如として義教背面の障子が開き、武者が数人が飛び出るや、義教に襲いかかり討ち取った。

実雅は太刀を手に応戦するもあえなく返り討ちに遭い、山名熙貴《ひろたか》、京極高数《たかかず》、土岐某らは討死。細川持春《もちはる》も腰刀で応戦したが、重傷を負った。管領の細川持之《もちゆき》や、細川持常、一色教親《いっしきのりちか》などは逃げ出し、他の面々も右往左往するだけで、義教横死を受けて追腹《おいばら》を切った者は誰もおらず、逃走した赤松満祐を討とうと追いかけた者もいなかった。

このように事態を詳しく記したのちに、貞成は自らの感想も書き加えた。諸大名のことを「どうしようもない連中ばかりだ。諸大名もグルだったということか」と批判するとともに、義教未亡人を見舞いに出向いた妻幸子から得た情報として、「義教未亡人は夜に剃髪《ていはつ》し、その他、義教の子どもをもうけた女性たちは、軒並み尼となった」と記し、「盛者必衰の理《ことわり》を目の当たりにしてしまい、涙を流すより他はない」としてこの日の日記を締めくくっている。

諸大名には「どうしようもない」と批判し、義教女房の行く末に触れた上で「盛者必衰」と同情しているが、義教の死を明瞭に悼んだ文言は確認されない。貞成は義教横死に冷めた視線を投げかけていたといえよう。

義教は貞成を猛烈に贔屓したが、貞成は義教に対して親近感を抱いていなかったのである。貞成にとって義教は迎合の対象でしかありえず、もちろん自身の地位を向上させてくれたことに感謝はしていただろうが、一個人として見た場合、貞成と義教が「ウマが合う」関係であったとは到底いえない。貞成は立場的にはやや特殊な位置にあったが、北朝天皇家と足利将軍家の儀礼的昵懇関係の本質はこのようなものであっただろう（とはいえ、繰り返しになるが、実際に仲の良かった組み合わせも確実に存在した）。

足利家の立場

ここまで読み進めていただいた読者の中には「なぜ、ウマが合うわけでもないのに、北朝天皇家と足利将軍家は儀礼的昵懇関係を築き、維持したのか？」との疑問を持った方も少なくないだろう。その理由について、ごくかいつまんで説明していこう（詳しくは『足利将軍と室町幕府』を参照していただきたい）。

まず前提として確認しておかなければならないのは、鎌倉時代における足利家の地位である。鎌倉時代、特に源氏将軍が三代で滅んでからは、北条家が幕府内部で圧倒的な地位を築いていった。いうなれば、〝武士ナンバーワン〟である。それに対して足利家は、決して低い立場ではなかったが、〝二番手グループの一角〟といったところだろう。それゆえに、北条家の思惑に引きずられ、当主が迫害されるといったこともあったのだが、そこには深入りしない。

やがて鎌倉幕府が滅亡し、北条家も実質的に滅亡すると、足利家は幕府を滅亡させた殊勲者として、繰り上がりでナンバーワンになった。足利家が武家首班となれたのは、「足利家だからこそ」という必然があったからではなく、たまたま鎌倉幕府を滅亡させたのが足利家だったからに過ぎない。

そうやって武士ナンバーワンとなった足利家には大きな課題があった。それは、武家社会の首班としての権威をいかに構築するかという課題である。足利家がそのためにとった手段とは、頼朝と共通の先祖たる源義家の子孫という血統をアピールするなど、自らを「鎌倉幕府の政権担当者（源氏将軍、北条得宗家）」の正当な後継者として位置づけることであった。

天皇権威の利用

しかし、「鎌倉幕府の政権担当者」の後継者として、武家首班たることの正当性を担保しようとする初期足利家の方法論は早々に破綻する。なぜならば、室町幕府は京都に所在しており、鎌倉でもなければ、関東でさえなかったからである。建武式目の冒頭で「所在地は鎌倉にするか、京都にするか」と挙げられた問題は、幕府を京都に置くことで決着した。この時点で、「鎌倉幕府の政権担当者」の後継者もへったくれもないのである。

しかも、室町幕府は、「室町殿分国《ぶんこく》」と呼ばれた畿内近国《きないきんごく》（おおむね現在の東海三県と近畿・中国地方に相当するエリア）を除き、京都から遠方の地域（「遠国《おんごく》」）を広域統治機関に委任するという、間接支配体制を整えた。東北や九州は、奥州探題・羽州探題や九州探題などに統治が委ねられたし、関東については鎌倉公方《かまくらくぼう》（東国支配のため置かれた鎌倉府の長官）が支配した。鎌倉公方が存在する以上、鎌倉幕府の後継的存在としての性格を京都の室町幕府が独占するのは困難であった。

そのような矛盾した状況を生きた二代将軍足利義詮《よしあきら》は一つの大きな判断を下した。義詮が死ぬ直前の様子を見ていこう。貞治《じょうじ》六年（一三六七）一一月、死期を悟った義詮は、細川頼之（八四〜八六頁参照）を枕元《まくらもと》に呼び寄せて、「政務について息子の義満に譲る」と伝えたという。では、どのような手続きを経れば政務を息子に譲ったことになるのであろうか。普通は、「そういう義詮様のご意向である」との公表があれば徐々にその方向に進んでいくのであるが、時はまだまだ南北朝の動乱の真っ最中。そして述べてきたように足利将軍家の地位は盤石でなかったどころか、むしろ「鎌倉幕府の政権担当者」の後継者として武家首班たることの正当性を調達しようとする方法論が揺らいでいる時期であった。

義詮は自身の意向が確実に武家社会で共有されるために、秘密兵器を持ち出した。それが天皇権威である。義詮が細川頼之に意向を伝えた一週間後、足利家に後光厳天皇の勅使が派遣された。家督継承を祝すためであり、同時に左馬頭《さまのかみ》任官（やがて足利将軍家の佳例とみなされるようになる）も勅許された。実は義詮は義満の「政道執行」について奏聞していたのである。どういうことかというと、「室町幕府の首班たる地位を息子に継承させるので、天皇家としてそれを保障してください」と申請し、許認されたのである。義詮は義満の地位継承の根拠を天皇権威に求め、それ以降、将軍権威は天皇権威により保障されることとなったのである。

天皇家と将軍家の基本的関係

将軍権威が天皇権威により保障されるようになったということは、肝心の天皇権威が揺らげば、連鎖的に足利将軍家の権威も保障されなくなるということである。それゆえに歴代足利将軍家家長は、天皇家を〝「王家」の執事〟として支え続けたのである。室町時代の天皇家と将軍家は運命共同体であり、かつ、その運命共同体を維持するための実体的努力は全て将軍家の側が担わざるをえなかった。そして、そのような両者の関係性は、公家社会に生きた人々にとって所与の前提となっていた。同時代人たちの証言に耳を傾けよう。

まずは貞成親王である。貞成は伏見宮家の家譜ともいえる『椿葉記《ちんようき》』において、後光厳から後円融へと皇位が継承される際には崇光院との葛藤《かっとう》があったものの、後円融から後小松へと譲位されたときには何ら波風の立たなかったことを説明したのちに、「後円融院が治天《ちてん》の君《きみ》となったが、実際の政治は足利義満が担った」と記している。天皇や上皇が君臨しつつも、実労は足利将軍家が担うという、両家の本質を端的に言語化しているのである。

次に貞成の次男で、後花園の弟にあたる貞常親王の述べたところにも注目すると、貞常は随筆『山賤記《やまがつのき》』に「幼少期の後花園は伏見にて貞成のもとで育っていたが、一〇歳の年に、図らずも即位することになった。即位当初より何かにつけて足利義教の輔佐を受け、義教の後は義政が輔佐を継承したので、天下は安穏だった。政務に余裕があれば、季節に応じて、様々な遊興が繰り広げられ、その際、後花園は和歌や管絃を通じて自らの心境を吐露するということがあった」と記した。

室町期の北朝天皇家が将軍家に丸抱えされて存続していたことは、同時代人にとっても明白であった。自らの権威に不安があり、それを天皇家に保障してもらうしかない足利家、南北朝内乱により経済力などの実体的実力（七八頁参照）を喪失し、存続の基盤維持を将軍家に依存するしかない北朝天皇家。室町期の将軍と天皇は相互依存の状態にあり、否《いや》が応でも互いの「昵懇関係」を演出せざるをえなかったのである。

第六章　生き残る天皇家

――戦国時代

1　天皇家と将軍家の同居

内裏と里内裏

室町期における天皇家と将軍家の儀礼的昵懇関係は、社会が戦国の世へと突入するにつれ弛緩《しかん》していき、政治的機能を喪失していく。そのキーワードは「同居」である。同居と儀礼的昵懇関係の弛緩がどのように結びつくかはおいおい説明していくとして、まずは中世において天皇家がどこに住み、将軍家がどこに住んでいたかを確認しよう。

天皇の居所であるが、一から説明するならば「宮城《きゅうじょう》」という概念から始めなければならない。といっても、そんな難しい話ではなく、天皇の日常的な居所と中央官庁地区を総称した概念が宮城で、そのうち天皇の日常的な居所のことを「内裏」といった。古代にまで話を遡らせると、飛鳥時代までは天皇の一代ごとに宮都を移すのが普通であったが、それ以降は平城京や平安京に宮城が定まり、内裏も定置される。平安京の内裏は延暦《えんりゃく》年間（七八二～八〇六）に造営されたが、実に一五回も火災に見舞われている。そして、安貞《あんてい》元年（一二二七）に焼亡して以後、宮城内の公式な内裏の再建は中世を通じて実現しなかった。

では、安貞元年以降の天皇はどこに住んでいたのか。もちろん住所不定になったわけではない。宮城の外に設けられた私邸としての天皇居所を「里内裏《さとだいり》」と呼ぶが、その里内裏に住んだのである。摂関政治期以降、もとは貴族の住居だった手頃な殿舎を里内裏として用いるようになり、白河院政期頃からは内裏と里内裏が併用されるようになった。そして、鳥羽院政期に里内裏が天皇の平常の居所になると、内裏は晴《はれ》の儀式のみ行う場所となり、普段は人の気配がなくなる。必然的にボヤ騒ぎなどが頻発するようになり、加速度的に荒廃していった。中世の天皇は平安京内裏に居住しておらず、実態としての天皇の居所は里内裏であった。

室町時代の里内裏

そのような状況は室町時代になっても大きくは変わらなかったものの、新たな事態も発生している。平安京左京北辺四坊二町に所在した、元は平安貴族の藤原邦綱《くにつな》邸だった邸宅は平安末期から鎌倉期にかけて天皇・女院が複数キープしていた里内裏の一つとして「土御門御所」と呼ばれるようになった。そして鎌倉幕府が滅びる二年ほど前の元弘元年（一三三一）九月、光厳天皇が土御門御所にて践祚《せんそ》して以降、土御門御所が北朝の居所として固定化していくのである。室町時代の天皇は原則的に、現在の京都御所でもある土御門内裏に居住していた。

その土御門御所も、しばしば被災の憂き目に遭った。室町期の事例では、応永八年（一四〇一）二月末に、小御所《こごしょ》での失火を止められず全焼している。このときは再建が火災後ただちに開始され、翌年の一一月には落成に至っている。さらに嘉吉三年（一四四三）の九月にも土御門御所は焼失した。賊の乱入による放火が原因であったが、義教《よしのり》暗殺からまもない時期で幕府にも余裕がなく、再建は康正《こうしょう》二年（一四五六）まで待つこととなった。室町時代においても天皇居所は火災と再建を繰り返していたが、ともあれ、この時期の天皇は土御門御所に住んでいた。

室町将軍の御所

一方、将軍はどこに住んでいたのか。まず義満の居所であるが、永和《えいわ》四年（一三七八）までは父義詮《よしあきら》から相続した三条坊門邸《さんじょうぼうもんてい》に住んでいた。そこから世に有名な「花の御所」へと転居し、応永五年（一三九八）には現在の金閣寺《きんかくじ》をその一部とする北山殿へ引っ越した。

義満を継いだ義持は、応永一五年（一四〇八）の義満急死に伴い、さしあたり北山殿へと入居するも、翌応永一六年には祖父義詮ゆかりの三条坊門の地に新邸を築き、終《つい》の棲家《すみか》とした。

義満も義持も引っ越しを経験しており、居所はそれなりに転々としていた。頻繁とまでは言わないまでも、足利将軍家家長として君臨する期間に一、二度は引っ越しをするというのが、室町将軍のパターンだった。それは義教や義政にも共通する。永享三年（一四三一）一二月、義教は義持の下《しも》御所を捨てて上《かみ》御所に移る。なお、上御所とは花の御所そのもの、あるいは花の御所をルーツとする室町将軍邸のことで、下御所とは三条坊門邸をルーツとする将軍御所のことである。義政についても見ておこう。宝徳《ほうとく》元年（一四四九）に将軍宣下された義政は、しばらくはそのまま烏丸資任《すけとう》（母重子《しげこ》の従弟）により養育されてきた高倉邸を居所としたが、将軍に就任して一〇年ほど経った長禄二年（一四五八）には将軍邸を義教時代の上御所に移す決定を下している。

そして、ここで確認しておきたいのは、義満・義教・義政が居所してきた上御所、すなわち花の御所（跡）が土御門内裏と近接しているという事実である。だいたい現在の京都御所と同志社大学の位置なので、一度歩いていただければ、散歩の距離であることが実感されると思う。そして義政は少なくとも応仁の乱が勃発するまでは上御所に居住し続けた。つまり、応仁の乱当時、天皇家と将軍家は近隣に居住する〝ご近所さん〟だったのである。

応仁の乱と室町第への避難

もともとご近所さんだった天皇家と将軍家のご近所付き合いは、応仁の乱の勃発により新たな局面へと突入する。

文正二年（一四六七）正月、洛中で武士同士が衝突した。発端は畠山義就《よしひろ》（「よしなり」ともされる）や山名宗全《そうぜん》などが軍勢を率いて将軍御所に立《た》て籠《こも》ったことによる。これは畠山家の家督をめぐって対立していた畠山政長（義就とは従兄弟同士。一六八頁参照）への宣戦布告の意味を持ち、政長は即座に自分の屋敷に火をかけると、やはり軍勢を率いて御所近くの上《かみ》御霊社《ごりょうしゃ》に陣取った。細川勝元の一族は総じて政長に加勢しようとしたが、一触即発の状況に腰を抜かした義政がパニックになって自殺しそうな勢いだったので、山名も細川も助勢はしないことを誓う。畠山家の内部争いに山名と細川が乗っかり、将軍家も巻き添えを食ったかたちである。一般に「上御霊社の戦い」と呼ばれる合戦については細川も山名も助勢しないと約束したにもかかわらず、山名宗全だけちゃっかり義就に合力したことで、政長が敗北した。

将軍御所近辺での武力衝突であるから、ご近所さんの天皇家にとっても一大事である。山名宗全と畠山義就は将軍の身柄を確保すべく将軍御所に陣取ったが、合戦そのものは上御霊社で行われた。山名と義就にしても戦況を優位に推移させるべく将軍邸を取り巻いただけであって、将軍に刃《やいば》を向けるような無茶な真似《まね》はしないので、軍勢が上御霊社に移動してからの将軍御所は、一種の安全地帯となる。そこで、将軍御所から見ても、上御霊社から見てもご近所さんの天皇家は、安全地帯の将軍御所に避難することとなった。

同居の恒常化

もっとも、同時代の人々の感覚では、このときの衝突は上御霊社の戦い単体の決着とともに一件落着したと認識されたようであり、ほどなく天皇家の面々も将軍御所から土御門内裏へと戻っていった。しかし、結果的に上御霊社の戦いは、応仁の乱の序章に過ぎず、戦乱は長期化した。徐々に土御門内裏も安全ではなくなっていき、応仁元年(一四六七)八月には再び後花園と後土御門は将軍御所に避難することとなった。かなり緊迫した状況となっていたようで、「将軍御所はなんだか貴人の出入りで騒がしい。義政様が細川勝元邸に避難したのでは?」といったデマも飛び交っていた。事実は、将軍が御所を脱出したのではなく、天皇家が御所に飛び込んだのであるが、とにかく将軍御所の玄関が騒がしい一日となった。そして、二度目の避難は長期化した。

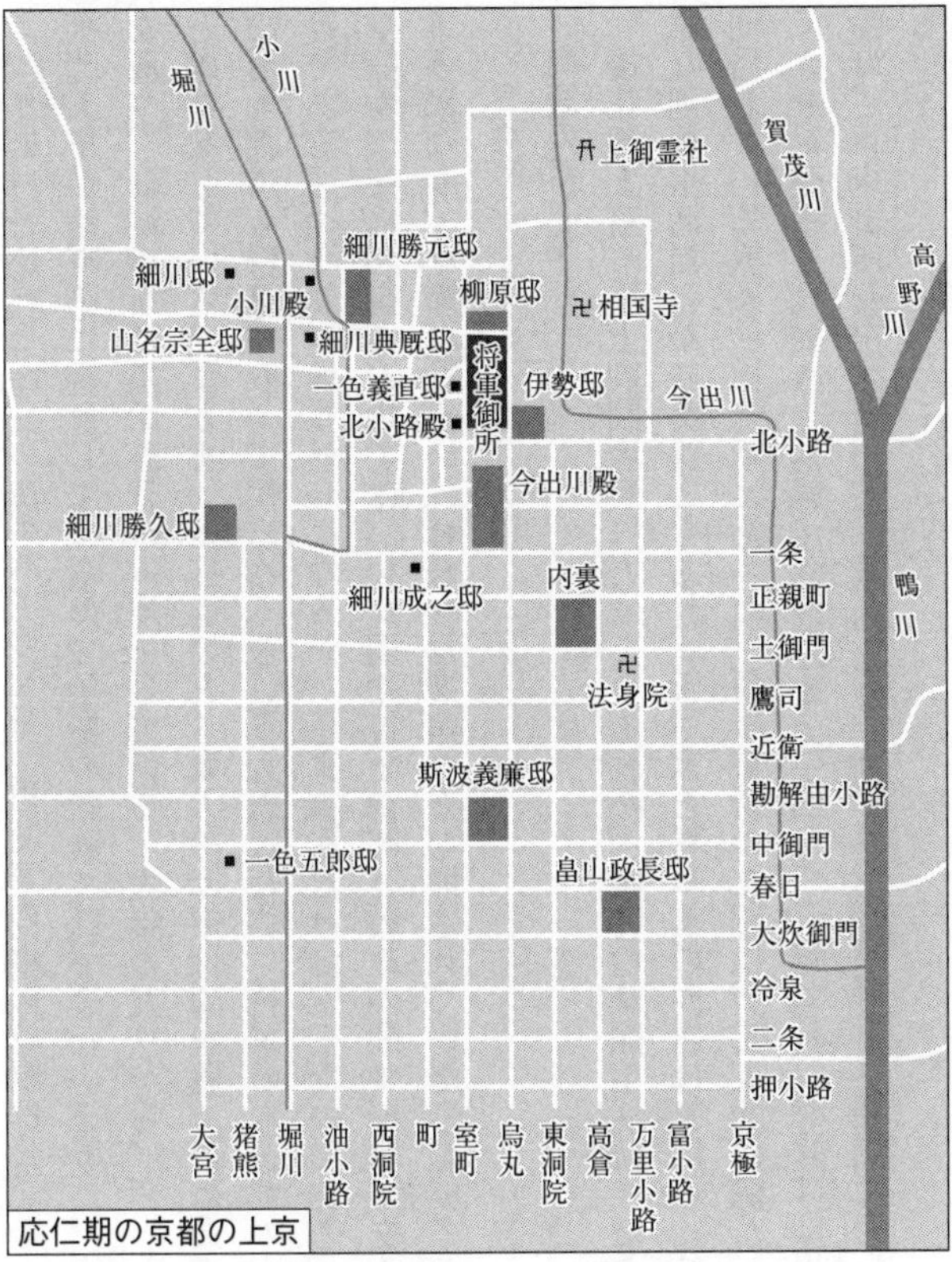

今谷明『日本の歴史９　日本国王と土民』所収の図をもとに作成

年が明けた応仁二年（一四六八）の元日、摂関家の近衛政家は日記に「後花園上皇と後土御門天皇が室町第に避難しているので年始の諸儀礼はできないようだ。内裏には土岐氏が陣を取り、仙洞御所は畠山義就が本陣としている。去年の九月から、ずっとこの調子である」と書き記している。まとまった広さのある貴人の邸宅は陣を置くのに最適であった。ただし、山名も細川も将軍に取って代わろうという意思はない。将軍のもとでの主導権を握りたいだけである。つまり、繰り返しになるが、将軍御所だけは安全なのである。それゆえ、外界の喧噪《けんそう》をよそに、御所の中では、後花園や後土御門と義政の間で優雅な交流が繰り広げられるようになり、季節の移ろいに合わせた遊興なども催されていたらしい。

同居の終わり

後花園上皇や後土御門天皇にとってのそれが、戦時の疎開生活だったのか、はたまた、優雅な別荘生活だったのかはともあれ、天皇家と将軍家の同居はしばらく続いた。続いたが、同居している人々の出入りはあった。将軍御所の玄関は、定期的に騒がしくなった。騒がしくさせた張本人は義政である。文明三年（一四七一）の七月、義政は細川勝元の邸宅を譲り受け、将軍御所を出て行った。建前上は、「いまの将軍御所は窮屈だから」という理由である。

ただし窮屈だったのは物理的な広狭の問題ではなかったらしい。妻日野富子との夫婦関係が窮屈だったようで、義政とほぼ同時に日野富子も将軍御所から飛び出し、北御所（富子の母の居所）に住み始めている。要するに義政は夫婦喧嘩をして家出をしたのである。家出しても大名たちが住居を提供してくれるあたりは、さすが足利将軍家家長といえる。偉い人は、やはり偉いのである（特に義政は、そのように遇される傾向が顕著である）。ともあれ、文明三年頃から、天皇家と同居する義政の行動が自由奔放になっていった。

義政が家出し、富子が実家に引き籠ったことで、将軍御所には年端もいかない子どもの義尚と、来客のはずの後土御門天皇が取り残されたが、程なく義政も富子も戻ってきたようだ。将軍家と天皇家の同居が解消されたのは、文明八年（一四七六）のことで、火災をきっかけとした。同年一一月のある夜中、将軍御所に放火があった。たちまち炎が燃え上がり、明け方になって鎮火する頃には、一つの建物も残さず全焼状態になってしまった。

幸いにも義政も後土御門天皇も、かつて細川勝元から譲られた小川御所《おがわごしょ》に避難でき、後土御門天皇には牛車に乗る余裕もあり、三種の神器を持ち出すことにも成功した。義尚も小川御所に同道したのだが、すぐに伊勢貞宗《いせさだむね》邸へ移動し、しばらくそこに住むことにした。「義政と同居するには狭すぎるから」というのが、その理由であった。こうして文明八年の室町第焼亡を契機に天皇家と将軍家の同居は解消されていくのだが、ここでは応仁の乱により天皇家が室町第に避難したことで、長期間にわたり天皇家と将軍家が同居していたことを押さえておきたい。

2 儀礼性の消滅と大飲

酒宴の日常化

天皇家と将軍家の同居が長期間にわたったことは、結果的に天皇家と将軍家のあり方に根本的な地殻変動をもたらした。変化の端緒は、一見するととても下世話である。結論を先に述べると、「天皇家と将軍家がとにかく飲み会漬けになっていった」という変化なのであるが、その様相と、それによってもたらされた地殻変動について述べていこう。

例えば、天皇家が将軍御所に疎開中の文明六年（一四七四）二月四日、勝仁親王の御所で酒宴が催され、そこに多くの近臣を引き連れた後土御門天皇も顔を出し、大飲に及んだ。もう一つ事例を挙げると、同じ年の三月一一日、甘露寺親長は昼前に参内した。この日は義政とともに初めて義尚も参内することになっていた。なぜならば、その数日前に、義尚名義での酒宴が天皇家のために催され、そのお返しとして天皇家側が義尚を招いたからである。互いに酒宴を催したり、催されたりを繰り返し、そのメンバーはだいたい同じ。いつものメンバーでの酒宴が連鎖的に繰り広げられていた。

特にこれらの酒宴を好んだのは義政であった。『親長卿記』の文明三年（一四七一）一一月を見ると、一七日に義政は内裏（将軍御所内の天皇家のためのスペース）に参上して「大飲」すると、翌日にも参内して「大飲」。そこには日野富子も同席したという。さらに翌一九日も義政と富子は内裏に足を運び「終夜大飲」した。元気なものである。そして二五日にも義政がいきなり天皇のもとに赴き、飲み散らかしたのであるが、甘露寺親長はその様子を「例大飲」と記述した。直訳すると「いつもの大宴会」となる。ポイントは「例」、すなわち「いつもの」である。

酒宴の娯楽化

いつの時代も飲み会は楽しいものだが、この時代の貴賓の飲み会は、もちろん我々現代の庶民が大衆居酒屋のテーブル席で飲んでいるようなイメージではない。いわゆるお座敷遊びに近いと思われる。あれこれ余興が伴うのである。例えば、義政と富子が天皇家のもとに赴いた文明六年（一四七四）三月二八日の酒宴では、その直前の酒宴のときと同じように、「十種酒」の勝負があった。利き酒大会である。また、少し遡った二月二三日に義政が顔を出した酒宴においては「三遅《さんち》の興《きょう》」があった。「三遅の興」とは、転じて単に酒宴を意味することもあったが、本来は筆者が大学生だった頃の、飲み会の盛んなサークルなどが好んでいた、「駆けつけ三杯」みたいな意味合いである。とにかく楽しそうである。

これだけ楽しく飲んでいれば、痛飲する面々も出てくる。『親長卿記』の文明七年(一四七五)四月三日条を紹介しよう。前日に「例大飲」を楽しんだ義政は、この日も参内し、「十度飲」に興じた。「十度飲」の内実は判然としないが「十種酒」と同じであろうか。とりあえず「上戸《じょうご》(酒飲み)一〇人、下戸《げこ》(酒が苦手)一〇人に分けた」と記されている。そして下戸一〇人に振り分けられた親長は「とんでもなく酔っ払ってしまったので、内裏の宿直(不寝番)を免除してもらった」と反省の弁を残している。

同じように反省した人物に、当時の代表的文化人である三条西実隆《さんじょうにしさねたか》がいる。文明七年五月四日も、やはり義政は内裏で飲んでいた。酒宴の準備は全て義政持ち。そこに三条西実隆も呼び出されたのだが、日記『実隆公記』には「私は常軌を逸するほど酔っ払ってしまい、夜中に帰宅した」と記している。後土御門や後花園と義政との酒宴は、もはや泥酔することが前提とさえなっていた。ここまで来るともはや楽しくなさそうだが、将軍御所で天皇家と将軍家が同居していた時期の酒宴は、ただただ飲むことを楽しむ酒宴であった。

緊張感の欠如

もう一つだけ付け加えるならば、この酒宴に日野富子も頻繁に顔を出していたことを強調しておきたい。これまでの事例にも何度か登場したが、枚挙に暇《いとま》ないほど存在する他の事例のうち代表的なものを紹介するなら、文明八年（一四七六）九月一〇日、酒宴を申し出るため参内した義政に日野富子も連れ添っていた。酒宴は数献に及び、天皇が自室に戻った後も、富子は私的な会として二次会を続け、富子が帰宅したのは十献に及んでからだったという。富子は翌日の酒宴にも姿を現した。この日の酒宴も数杯に及び、夕方になって飲み過ぎた義政が帰宅した後も富子は、その場に残り酒宴を続けた。周囲の貴族は「連日の酒宴で身が持たない」との愚痴を日記に書き付けた。

天皇家と将軍家の酒宴には、女性も陪席していた。ますます楽しそうであるが、周囲の近臣たちにとっては心配でもあった。文明五年（一四七三）二月一六日、やはり義政は内裏にいた。もちろん酒の準備をしている。この日の酒宴には久我通尚《こがみちなお》と三条公敦《きんあつ》が初めてメンバーに加えられることになっていたが、下戸で真面目な甘露寺親長には一抹の不安があった。新規メンバー二人のうち久我通尚は、後花園時代に遡っても、こういう場には呼ばれたことがなかったのだが、この頃の酒宴は「内々之儀」であり、「男女混合」でもあるので、常連以外を呼んでも大丈夫なのかと親長は心配した。

親長の心中を憶測するならば、このような弛緩した場の実態を、それを知らないメンバーに知らしめることは、恥部をさらけ出すことになるのではないかと心配したのであろう。何も知らない新参の通尚が「失礼しました〜！」と顔を真っ赤にして帰ってしまうような状況を想像してしまったのかもしれない。

将軍御所で天皇家と将軍家が同居していた時期の酒宴は、人目を憚《はばか》らぬだらしない酒宴であった。同居期間中の将軍家と天皇家は連日連夜、ただただ飲んだくれていたのである。

文明改元に見る異常性

応仁の乱中、同居していた天皇家と将軍家は酒宴に明け暮れていた。では、それの何がいけないのか。日本中世史研究者の社会では「酒の席には罠《わな》がある」とか「面倒な仕事は飲み会で舞い降りる」といった類《たぐ》いのことがよく言われる。論集などの執筆依頼とか原稿関係の頼まれ仕事は、飲み会のどさくさに紛れて断れなくなっていることが多いのである。今も昔も日本社会における酒宴は、ただの遊興ではない。社交の場であり、〝政治〟の場でもある（ゆえに特に若手にとって忘年会などはストレスを感じる場となるのだが、それでも参加しておいた方が何かと合理的なのである）。したがって、酒宴が多いからといって責められる筋合いはない。問題があるとすれば、酒宴が繰り広げられる場の性質である。

少し話は逸れるが、応仁から文明への改元は、先例故実に照らすと異例なものであった。

応仁三年（一四六九）の三月一四日までには改元をすることは決まっていたのだが、一般的な改元では催されることとなっていた仗議《じょうぎ》という議論の場が省略され、学者系官人貴族の勘文《かんもん》（諮問に応えて必要な情報を調査し、提出した意見文書）だけで改元することになった。その先例はなんと、天平宝字《てんぴょうほうじ》の改元（七五七年）だという。遥か遠く奈良時代の先例が用いられる異常事態だったのである。とはいえ公家社会としては、正しい手続きを踏むことは難しかったものの、最低限の費用だけでも将軍家が拠出してくれることになったのを感謝するしかなかった。

それでは、なぜ仗議が開催できなかったのだろうか。問題の根本は戦乱による避難中ということで後花園上皇と後土御門天皇が同居していたことにあった。上皇と天皇が同居するというのは、本来ならばあるはずのない状態であり、公家社会には上皇と天皇が同居している御所で、どのように仗議を催せば良いかの先例がなかった。一条兼良など当代きっての故実家たちの知識を総動員して、「新儀《しんぎ》（新しいやり方）として強行しよう」という案も出されたが、結局、「やり方がわからないのでやらない」という結論になったのである。繰り返しになるが、将軍と天皇家が同居することも空前絶後だが、そもそも上皇と天皇が同居するという時点で異常事態だったのである。

儀礼の衰退と変化

応仁の乱による戦乱の影響は、他にも見られる。興福寺大乗院《だいじょういん》のいわば公的日記『大乗院寺社雑事記《じしゃぞうじき》』文明二年(一四七〇)正月一日条には「天下大乱の真っ最中である。それゆえ内裏御薬《みくすり》(一二二頁参照)以下の正月節会は全て省略されることとなった。ここ二、三年はずっとこの調子だ」との記述がある。さらに同記の文明五年正月一日条には、「天下の大乱により、後土御門天皇と皇太后が将軍家と同居することが七、八年も続いている。その間、御薬や節会などの公事は六、七年にわたり全く履行されていない。関白さえ職務に就かず、公卿は常に欠員している有様だ」と記されている。応仁の乱中は、正月儀礼さえ行われなくなっていた。

応仁の乱の影響は、将軍家と天皇家の間で繰り返された儀礼にも変化を与えた。本来なら将軍家は正月一〇日や、時期によっては七日などに内裏へと年始の挨拶儀礼に赴いていた。例えば天皇家と将軍家の同居が解消された文明九年(一四七七)には、将軍となっていた義尚が正月一〇日に年始の参内をしている。しかし、同居中だったその前年はというと、将軍家の年始挨拶が正月二日に行われている。しかもそれは天皇家の衰日《すいにち》(陰陽道《おんみょうどう》において慎むべき日とされた日取り)だったから一日遅れたのであり、乱中は正月一日に挨拶を済ませていたらしい。それはそうだ、同一の敷地内で毎日飲んでいるのだから、年が明けて最初に会う日は正月一日に決まっている。

昵懇関係の不可視化

ここまで述べてきた内容は、つまり、応仁の乱の影響で上皇と天皇と将軍家とが同居したことにより、種々の儀礼のあり方にも大きな変化が起きたということである。そして、その変化が「どうでもよい変化」であれば良かったのだが、実際は「どうでもよくない変化」であった。

文明七年（一四七五）、義尚は伊勢貞宗邸で犬追物《いぬおうもの》（馬上から犬を追射する武芸）を催した。それ自体は問題なかったのだが、射手に武家の伊川《いかわ》一門や公家の高倉永継《ながつぐ》が選ばれたことには少し問題があった。高倉永継が公家でありながら武芸の場に登場することは、他の貴族から後ろ指を指されたとはいえ、さほどのことでもない。最大の問題は伊川一門が義政の御供《おとも》衆《しゅう》（この場合、側近グループくらいの意味で理解されたい）であったことである。

義政の御供衆だったこともあり、伊川一門は将軍御所で射手としての習礼（予行演習）を行った。しかし、将軍御所はイコール内裏でもある。皇居で犬追物の練習を行ったのである。清浄が求められる皇居で、殺生禁断に著しく抵触する犬追物。それまで神秘のベールによって維持されてきた天皇の権威に直接関わる事態が発生したのだから、これは大問題である。

神秘性を守るために様々な禁忌に取り囲まれていたはずの内裏は、将軍御所を間借りしたことで、なんでもありの空間になりつつあった。

表現を換えれば、緊張感のない場になったということである。それを象徴的に表すのが文明三年（一四七一）一二月に将軍御所の泉殿《いずみどの》（泉水に臨んで建てられた離れ）で催された後花園院の一周忌の観音懺法《かんのんせんぼう》である。日野富子の尽力により皇室出身の高僧が招かれて執り行われた追善儀礼には、後土御門天皇も顔を出すべく最密儀で行幸した。最密儀とは、何ら儀礼的装飾をしない、ただの移動のことで、それが許されるのは、ずばり、誰も見ていないからである。天皇家と将軍家が同居したことにより、将軍御所と内裏は物理的にボーダーレスとなった。それゆえ、その往来は日常的行為となったのであり、いわば、ジャージのままコンビニに行く感覚での往来が常態化してしまっていた。それは、とりもなおさず天皇家と将軍家の交流から儀礼性が失われたことを意味する。

同居により、将軍家と天皇家の公私混同が進み、「公」の部分が不可視化したのである。そして折からの、改元の儀礼的手続きが正しく履行されなかったり、正月儀礼さえ何年も行われない状況のもと、天皇家と将軍家の関係は、緊張感のない、ただただ享楽的な関係になっていった。大飲ばかりしているとは、まさに、そのような緊張感のなさの象徴であったといえる。

天皇家と将軍家の関係の基軸をなした儀礼的昵懇関係とは、両家が良好な関係にあることを周囲（現代でいうところの「世間」）に見せつけることに最大の意義があった。それにより将軍家が権威化され、天皇家の威光も維持されたのである。しかし、応仁の乱の影響で同居し、内々の空間だけで両家の関係が完結するようになったことにより、両家のそのような儀礼的昵懇関係は可視化されなくなった。要するに「他者の目」がなくなり、「他者の目」を気にすることもなくなったのである。室町期の天皇家と将軍家の関係性は、応仁の乱の影響により、根本的に変質したといえるだろう。

3　義尚と北朝天皇家

大飲に対する義尚の眼差し

天皇家と将軍家の儀礼的昵懇関係は、それがどれほど〝緩い〟内実に軽薄化したとしても、義政の代までは曲がりなりにも維持された。とはいえ過渡期にさしかかっていたことは、縷々述べてきた通りである。義政期の後半は、嫡男の義尚も独り立ちへの階梯を登っており、いわば二頭政治的な状況にあった。そして、義政と義尚とで儀礼的昵懇関係に対する温度差のあることが、この時期の過渡期性格を示している。ここからは、義政と義尚の温度差について述べていく。

義尚は、早くも一二歳の頃には、義政と後土御門が酌み交わしていた酒宴の場に呼ばれるようになっていた。しかし、どうも義尚はそのような場が苦手だったらしい。筆者などには、お盆や正月に親戚一同が集まって始める酒盛りの場は、子ども連中にとってあまり居心地が良くなかったように思い出されるが、義尚にとってもそのような感じだったのか、酒宴の場に欠席・早退・遅刻したことを示す史料が散見される。

例えば公家の日記『兼顕卿記《かねあき》』の文明一一年（一四七九）一一月一九日条には、例によって義政や日野富子と酒宴を開いていた後土御門天皇が「特別な用件があるわけではないけど、義尚も来てくれるとうれしい」と口にした。しかし、義尚の返事は「恐れ入ります。お付き合いさせていただくべきだと思いますが、風邪気味ですので……」というものであった。

他にも長享《ちょうきょう》元年（一四八七）四月一〇日の事例を紹介しよう。この日も義政は参内して後土御門と酒を飲んでいた。途中から富子も参加した。少し前に仏道に入っていた義政にとって、出家後初めての参内だったということもあり、義尚の参加も取り沙汰されていた。しかし、結局、このときも義尚は体調不良を理由に欠席している。すでに成人していて、「義尚は大酒飲み」という同時代の証言もあるというのに、こういう場には出てこないのである。

公家社会との関係構築

義尚が顔を出したがらなかった場は天皇家との酒宴だけではない。将軍家には年末年始に公家衆が挨拶（参賀）に訪れるという習慣があったが、そこにも義尚は顔を出さない。具体的には文明一二年（一四八〇）の年末に近衛政家が参賀に訪れたとき、義政は政家と対面したが、義尚は顔を出さなかった。翌年の年始参賀も義尚は同様の対応をとり、訪ねてきた中院通秀に対して「蚊触《かぶれ》だから対面できない」と応対した。実際に蚊に刺されたのか、漆などにかぶれたのか、義尚は時々「蚊触」をこういうときの言い訳にした。

他にも長享元年（一四八七）の年始参賀においても、中院通秀は、やはり「蚊触」を理由に対面できないという義尚の意向を伝えられている。ついでにいえば文明一八年（一四八六）の年始参賀においても義尚は公家衆との対面を断っているが、このときの理由は「御風《ごふ》気《き》」（風邪）であった。全体としてこのような調子なのだから、体調不良というのは基本的に仮病であって、「蚊触」もただの言い訳に過ぎなかったとしか筆者には思われない。

要するに、義尚は儀式ばった場で公家衆と対面するのが苦手だったのである。趣味の和歌などにおいては相手が迷惑なくらいに公家たちに絡んでいく一面もあったし、史料の残存状況的にはそういう側面の方がむしろ目立つくらいなのだが、それはあくまで私的な交流であって、義尚は公家社会との公的な関係（儀礼的昵懇関係）の構築に消極的だったといえるだろう。

天皇家との関係構築

もちろん、義尚が関係構築に消極的だった対象は一般公家だけではなく、天皇家についても変わることがなかった。文明一〇年(一四七八)一二月二三日、義政は午後に参内し、いつも通り酒盛りにふけった。例によって、そこには日野富子もいたのだが、義尚は痛風を理由に、遅く(四献の途中)に顔だけ出している。これは年末参内(歳暮の挨拶)も兼ねていたであろうから、義尚は公的(儀礼的)性質を帯びる酒宴であっても忌避したのである。文明一四年の年末には富子に連れられて、(おそらくは、しぶしぶ)義尚も参内したが、少なくとも三献までは続いた酒宴の、一献が済んだ時点で義尚は退席していった。

そのような義尚に対して、義政は自身の地位(役割)を継承させようと、一生懸命に、しかし一方的に義尚が歩むべきレールを敷いていく。文明一三年(一四八一)の正月参賀は、公家衆にとって少しいつもと違う部分があった。近衛政家は例年通り、正月一〇日にあちらこちらへと挨拶回りをした。順番としては、まずは義尚のもとへ赴き、それから日野富子のもとへと足を運んだ。とはいえ、義尚は対面しない(取次を通じた応対はする)。ここまでは例年通りである。

しかし、政家はこの年、義政のもとには顔を出さなかった。なぜならば、「この正月については、義政邸への参賀を自重するように」との指示が触れ回られていたからである。その理由について政家が将軍家に尋ねたところ、「義政は日野富子と夫婦喧嘩をした。それで義政は隠居するということになった。それゆえ挨拶は全て義尚に受け付けさせることになった」との返事が戻ってきた。政家は「いろいろ事情があるのだろうが、訳がわからない」との感想をこぼしている。

それから二ヶ月余り経過した三月二一日、義政が参内した。三条西実隆の『実隆公記』によると、「今年から「世務」は全て義尚に委ねられたので参内も自粛し、正月の挨拶も義尚にさせる手はずになっていた。しかし義尚はその正月の挨拶をサボタージュした。そのままずるずると、この時期になってしまった。さすがに良くないということで、しぶしぶ義政が参内したのである」と記されている。

義尚は義政に促されても頑として天皇家との対面を受け入れなかったのである。天皇家との関係構築を忌避する義尚の姿は、ここに極まっている。義尚は儀礼的昵懇関係の維持に全く消極的だった。

守護在京制の崩壊

義尚は儀礼的昵懇関係に価値を見出さなかったわけであるが、それを単に若気の至りであるとか、そもそもの資質であるとか、義尚の個性に帰して理解するのは、いささか気の毒である。天皇家と将軍家の儀礼的昵懇関係が持つ社会的価値が確実に低下していたと考えられるからである。この点を理解するためには、逆に、「それまでは、なぜ、天皇家と将軍家の儀礼的昵懇関係に価値があったのか？」を説明しなければならない。

室町幕府を考える上で研究史において重視されてきたキーワードに「守護在京制」というものがある。室町幕府が順調に運営されていた時代には、畿内近国の有力守護は京都に滞在することが義務づけられていた。そうやって、在京して幕政に関わる有力守護は「大名《たいめい》」と呼ばれた。具体的には細川・斯波・畠山・山名・一色・赤松・若狭武田《わかさたけだ》などの各氏族が該当するのだが、とにかく、室町幕府は守護が在京していることを前提として維持される政体であった。

しかし、そのような守護在京制は応仁の乱を契機に崩壊への道を辿る。応仁の乱の勃発により、各地の有力守護たちは京都の情勢につききりとなり、領国支配は守護代（守護の代官）に一任せざるをえなくなった。それら守護代は、当主の留守に乗じて領国の内外に勢力を浸透させ、また、国人《こくじん》と呼ばれる在地の中小領主たちも勢力の扶植に余念がなかった。そうした状況に対応するため、応仁の乱が沈静化すると守護たちは大急ぎで領国に下向した。分国《ぶんこく》（大名が将軍から守護職を与えられた領国）内の国人たちの争いが放置できない状況になっていたからである。そして、いったん下向した守護たちは、そうそう簡単に再上洛できなかった。応仁の乱により守護在京制は瓦解したのである。表現を換えるならば、応仁の乱以降、守護大名層の課題は京都での活動ではなく在地での領国支配へと変化した、ということになる。

将軍権威再生産の背景と役割

守護在京制と儀礼的昵懇関係の価値にどのような連関があるのだろうか。それは、そもそもなぜ守護在京制が成立したか、という問題に行き着く。先に挙げた「大名」と呼ばれた室町時代の有力守護たちは、ルーツを辿ると、源氏の流れを汲む佐々木一門（京極氏や六角《ろっかく》氏）などの例外を除き、鎌倉時代には東国に拠点を持っていた御家人や、その支流の一族であった。それが南北朝内乱の過程で畿内近国や西国の守護へと成長したわけであるが、当初彼らはいわゆる〝鉢植え大名〟状態であり、前代から東国で蓄積してきた在地支配実績など全く通用しなかった。新たな分国を支配するための伝統的な由緒がないのである。

そうであるから、かつての東国御家人が新参者として畿内近国や西国を支配するためには、中央政体（室町幕府）の権威がどうしても必要不可欠であった。それゆえ、在京して幕政の運営に協力したのである。南北朝期の守護が分国を支配していくための課題は正当性の確保であったといえる。

しかし、時代は変化する。室町幕府も安定期を迎えると、かつて新参者だった有力守護たちも支配実績を再蓄積し、事実上、分国を私有財産化していく。そうなると、少しずつ、それまでは不可欠としていた中央政体（室町幕府）や将軍の権威の必要性が低下していく。分国支配の正当性を確保するために中央政体の権威を必要としていた段階では「大名」として互いに協力しながら幕政を支えていた有力守護たちも、分国支配が安定すると、一致団結して将軍をもり立てようという意欲を失っていく。そして、応仁の乱以降の状況である。戦国期になると守護たちは、周囲の守護との競合や、守護代あるいは国人の突き上げに対処することが分国支配の最重要課題となった。

簡単にいうと、支配の正当性を蓄積する段階は過ぎ、その正当性を維持するべく、分国支配をめぐるライバルより優位に立つ実力を必要とする段階になったのである。もちろん、正当性維持のために依然として将軍権威も利用されていくのだが、周囲の守護大名や国人が成長するなかで、それらに対抗するだけの「実体的実力」（軍事力、経済力）が圧倒的に重要になっており、もはや彼らに必要とされた最優先事項は、室町幕府の将軍権威ではなくなっていた。室町幕府の将軍権威とは、南北朝期以降に台頭した守護大名層が鉢植え状態を脱するために必要としたものであり、その社会的ニーズに応えることで確立し、維持された代物だったのである。

儀礼的昵懇関係の正体

自らの部下である有力守護たちがそれを必要としたことにより、将軍権威を確立させるべく足利家の側も努力をした。すでに説明したように、南北朝期においては「鎌倉幕府の政権担当者」の後継者として自己を演出することで、有力守護など他の武士たちとの差別化を図った。そして、室町期には「武家社会で唯一天皇家に直結しうる存在」として足利家を一般武士から超越させたのである。要諦は、「足利家は他の武家とは違う！」という性格を社会的に定置することであった。そのために足利家は天皇家と直結するようになった。

そして、その超越性は超越していない客体、すなわち有力守護たちに見せつけなければ意味がない。天皇家と直結した存在であることを視覚化する必要性があり、それこそが儀礼的昵懇関係の正体であった。将軍家と天皇家の儀礼的昵懇関係とは、将軍権威の維持・向上装置だったのである。

ところで、有力守護たちが中央政体の権威を必要とした理由が、分国支配の正当性を確保することだけであるならば、彼らの分国支配が安定する一四世紀末には、室町幕府の存在意義はなくなり、将軍権威（足利家の超越性）も必要とされなくなるはずだ。しかし、足利将軍家はその後も、少なくとも応仁の乱の頃までは多くの有力守護たちに担がれ続け、戦国期に至ってもその権威は縮小傾向ながらも再生産され、残存していった。なぜか。

それは有力守護たちが一致団結して将軍を担ぎ上げることで、「将軍とその他（天皇家と直結できる足利家と、直結できないその他の武士）」という二分類化が発生するからである。そこでは、「その他」が相対的に対等な関係とされ、守護同士の関係性が維持・調整されることとなる。「将軍のもとでの相対的平等」が互いに緊張感を与え、そこから逸脱（抜け駆け）する存在を許さなくすることで、守護同士の争い（相手に勝るための行為）が抑制されたといえる。

しかし、そのようなあり方は戦国期に変化する。戦国期は、既存の秩序を実力により改変する時代であった。守護たちの課題は、互いの関係性を維持することではなく、それを破壊し、自身の勢力を拡大し、他の守護たちよりも優位の立場を手に入れることであった。そこでは、室町期のような意味での将軍権威は、もはや無用の長物だったであろう。

まとめも兼ねて言い方を換えよう。南北朝期の守護大名は鎌倉幕府打倒戦争の過程で圧倒的な実力（軍事力、経済力）を手に入れたが、支配の正当性が欠けていた。それに対し戦国期の守護大名は、正当性は十全だったが、実力は周囲を圧倒するほどではなくなりつつあった。そして、足利将軍家の権威とは支配の正当性を補塡《ほてん》するためのツールである以上、南北朝期の守護大名には必要とされ、戦国期の守護大名にはさほど重要視されなくなるのである。

さらに言えば、将軍家と天皇家の儀礼的昵懇関係とは、足利将軍家の権威を保障するための手段であったのだから、足利将軍家権威を守護が必要としなくなると、将軍家と天皇家の儀礼的昵懇関係もまた社会的ニーズを失うこととなる。室町幕府の将軍権威も足利将軍家と天皇家の儀礼的昵懇関係は、すでに歴史的役割を終えようとしていた。もはやそれを再生産する合理性が失われつつあることをどこかで感じていた若き義尚は、おそらく無自覚に儀礼的昵懇関係の維持に消極的となり、北朝天皇家とも距離を取るようになっていったのであろう。

4　後柏原天皇の嘆き

駿馬献上の儀礼

ここまで、応仁の乱を契機に天皇家と将軍家の儀礼的昵懇関係が空洞化していった様相を見てきた。天皇家でいうと後土御門天皇の時代である。ただ、後土御門の場合、人生の最終盤までは足利義政が健在で、義政は儀礼的昵懇関係の維持に積極的だった。義満から義教の時代にかけての室町期的なあり方にわざわざ変更を加える意図など、義政には全くなかった。実態として将軍家も経済的に困窮するので、なかなか往時のようにはいかなかったものの、義政は可能な範囲内で天皇家を援助し続けた。その後の天皇に比べると、後土御門はまだマシだったといえる。

次の後柏原天皇の時代になると、天皇家と将軍家の儀礼的昵懇関係は完全に無実化し、最低限の資金援助さえ期待できなくなっていく。しかし、室町時代の天皇家には、「武家にしがみつく」以外に生き抜く術《すべ》を持たなかった。後柏原は、とにかくしがみついた。その様子を「貢馬御覧《くめごらん》」という儀礼を素材に見ていこう。

鎌倉時代には、「関東貢馬」という儀礼（あるいは慣習）があった。毎年一一月の賀茂《かも》臨時祭に際し鎌倉幕府が駿馬《しゅんめ》を朝廷に進上するというもので、一〇月に将軍邸で「貢馬揃え」と称される名馬品評会（いわば事前チェック）が行われ、その後、京都に運ばれた駿馬を仙洞御所で上皇が観覧した。上皇の観覧は史料上、「貢馬内覧」と記されることが多い。この慣習的儀礼は室町幕府にも継承されたが、南北朝期以後になると賀茂臨時祭との関連は後景に退き、室町期の貢馬御覧は毎年一二月二七日前後の行事として定着した。

このように、本来の貢馬御覧とは、武家から公家への駿馬献上儀礼であった。しかし、室町期以降は駿馬と同時に金銭も献上されるようになり、そちらの付け届けこそ重要視されるようになっていた。貢馬御覧の際に支給される武家訪《ぶけとぶらい》は、朝廷にとって極めて重要な資金源となった。武家訪とは武家から公家への資金拠出のことで、本来は自発的な臨機の寄贈行為であったが、やがて恒常的な幕府による資金供出となっていった。あらゆる儀礼やその他の機会を捉えて、朝廷は将軍家からの武家訪を引き出そうとした。

そうした武家訪の中でも、特に重視されたのが貢馬御覧の際の武家訪で、「貢馬用脚《ようきゃく》（要脚）」と呼ばれた。なぜ重視されたかというと、単純な話で、額が巨大だったからである。『看聞日記』永享四年（一四三二）一二月二七日条によると、公家の広橋兼郷（親光から改名。一四一頁、一五四頁参照）が「過分だから」として貢馬の諸費用や下行物《げぎょうぶつ》（現物などの給付）の半減措置を施したものの、彼が担当者（「貢馬伝奏」あるいは「貢馬奉行」とも）を辞任するや否や、即座に元の額に戻されたことが記されている。要するに半額にされても貢馬儀礼を行えるだけの額が貢馬用脚には付されていたのである。貢馬御覧とは、武家から朝廷に付与される潤沢な資金援助を伴う儀礼であった。

応仁の乱後の貢馬用脚

しかし、将軍権威が守護たちに必要とされなくなるのと歩調を合わせて、各守護たちは将軍家への協力を縮小させていく。在京しての幕府運営業務に対してもそうであったが、それ以上に、経済面で協力をしなくなる。江戸幕府における徳川《とくがわ》家と違い、室町幕府における足利家は、所領も直轄軍も微々たるものだった。幕府を維持運営するための必要経費は有力守護に肩代わりさせることで賄っていた。守護が将軍に協力しなくなれば、将軍家は何もできなくなる。お金もなくなる。貢馬儀礼は、大きくいえば武家から公家へのサービスなのだが、厳密には将軍家から天皇家へのサービスである。貢馬用脚は将軍家の責任で調達されたのであり、将軍家が窮乏すれば、それで途切れる性質のものである。それゆえ、時代の進行とともに貢馬用脚は滞りがちになる。

例えば早くも嘉吉元年（一四四一）には貢馬用脚が納入されないという事態が起きている。これは義教暗殺により、将軍不在であったからである。貢馬用脚が幕府という法人の責任で調達されるものであれば、こういうことにはならない。足利家が家として履行するものであったからこそ、足利将軍家家長の不在下では、貢馬用脚を準備する主体が存在せず、守護たちも原資を供出しないという状況が発生するのである。そして応仁の乱後、貢馬用脚の未納は常態化し、『宣秀卿御教書案《のぶひできょうみぎょうしょあん》』という史料には「貢馬用脚は応仁の乱以降、全く納入されなくなった」と記されるような体たらくとなってしまう。

その結果、応仁の乱以前の事例だが、文安三年（一四四六）末の貢馬御覧は、貢馬用脚が集まらなかったため、年明けに開催がずれ込んだし、文亀《ぶんき》二年（一五〇二）には、「貢馬用脚について、どうにもならない」という武家からの報告が後柏原天皇のもとに伝えられている。将軍家の質物を換金して工面しようとするなど、幕府事務官僚たちはなんとか体裁を整えようとしたものの、それが奏功したことを伝える史料は残っていない。

応仁の乱後、武家からの貢馬用脚納入は滞りがちとなり、貢馬用脚を維持するために公武両社会が苦慮していた。

貢馬用脚を確保する努力

貢馬用脚が途切れていくのであるから、貢馬御覧という儀礼そのものも途切れていく。貢馬御覧は毎年末の恒例行事だが、天皇代替わりの際などには時期をずらしたり臨時で行われたりすることもあり、その臨時の貢馬御覧が文正元年（一四六六）一〇月に催された。そして、それが中世における貢馬御覧事例の終見である。毎年末恒例としての貢馬御覧の終見は、その前年である。しかし、それに関して、少し不思議な動きがある。

長享二年（一四八八）のこと、この年は後土御門の生母（嘉楽門院《からくもんいん》）が薨去しており、諒闇中（喪に服す期間）であった。にもかかわらず、後土御門は廷臣に意見を求め、先例をかき集めた上で、貢馬御覧の強行開催を主張し、中御門宣胤を「貢馬奉行」（担当者）に任命した。強行開催も何も、そもそも二〇年以上貢馬御覧は行われなくなっていた。であるのに、「開催すべし」として貢馬奉行を任命するとはどういうことか。

理由は一つ、貢馬用脚を獲得するためであろう。貢馬御覧を中止に決めてしまえば、貢馬用脚を将軍家に要求する権利もなくなる。どうせ納入されないとしても、そもそも交渉する余地がなくなってしまうのである。このときはいまだ義政が健在であったから、交渉次第では雀《すずめ》の涙程度であったとしても資金を獲得できる可能性がゼロではなかった。その可能性をゼロにしないためには、貢馬御覧を開催すると言い張って、その担当者たる貢馬奉行を任命するしかなかったのである。

もし貢馬御覧の開催（すなわち貢馬用脚の獲得可能性）を放棄すれば、いったいどうなるか。中御門宣胤の日記『宣胤卿記』の永正一四年（一五一七）正月一日条には興味深い記述がある。そこには「今夜、正月節会が再興された。正月節会は文亀二年（一五〇二）に一度だけ再興されて以後、再び中断されている。そうしたなか、武家が「復活させるべし」と申し出てくれた。年末に一万疋が貢馬用脚として伝奏にくだされ、中御門宣秀が担当している」と書かれている。正月節会という朝廷儀礼の中でも最重要の年中行事は、武家からの貢馬用脚納入によって復興されることになった。つまり、貢馬用脚が納入されなければ、朝廷の最重要儀礼さえ開催できないのが当時の実態であった。まさに貢馬用脚は朝廷にとっては最後の頼みの綱であり、それゆえその頼みの綱を切らないために、貢馬奉行は任命し続けなければならなかったし、必然的に、「貢馬御覧をやります」と言い続けざるをえなかったのである。本書の論旨に合わせて表現の角度を変えるならば、戦国期に至っても、天皇家は室町期の方法論にしがみついて資金確保する以外になかったということになる。

後土御門の崩御

本書冒頭の序章では、後柏原天皇即位儀と足利義稙《よしたね》の源氏長者就任に関するエピソードを紹介し、そこに室町時代の天皇家と将軍家の関係性が凝縮していると予告した。ここまで読んでいただいた読者には、その意味が多少なりとも伝わっただろうか。室町時代の天皇家と将軍家の関係性とは、「将軍家が天皇家との儀礼的昵懇関係を必要とするのをいいことに、天皇家が将軍家に甘えきる関係」であったといえるだろう。後柏原が義稙に源氏長者就任を求めたのも、要するに、「もう一度、昔のように甘えさせてほしい」ということである。将軍家に甘えるほかに生きる術のない天皇家、しかし、戦国期の将軍家には天皇家を甘やかすだけの余力がなかった。結局、後柏原の即位儀はどうなったのか。本書の最後に、この時期の天皇家と将軍家のリアリティが凝縮している後柏原即位儀を改めて取り上げよう。

後柏原の父帝後土御門は明応九年（一五〇〇）九月末に崩御する。しかし、その葬儀の準備は遅々として進まなかった。同年の一一月になって、ようやく遺体が泉涌寺に運び込まれたが、すでに崩御から四三日が経っていた。近衛政家は「遅すぎる。こんな先例があるはずがない」と嘆息した。

父帝の崩御により登極した後柏原の践祚儀は、後土御門葬儀の直前の一〇月二五日に遂げ行われた。足利義澄《よしずみ》（一一代将軍）が見物するとの取り沙汰があったものの、だからといって十分な資金援助は見込めない。近衛政家は「どうせ先例通りには進められっこないだろう」と日記に書き記している。

それで、通常ならば践祚儀のあと、大きくは日を隔てることなく即位儀が催されるのだが、結論的には後柏原の即位儀は大永元年（一五二一）まで遅れた。実に二一年もの年月が差し挟まれている。後土御門から後柏原への皇位継承は全くの異例ずくめであった。

後柏原即位儀への道

なぜ後柏原の即位儀は、こうも遅れたのか。その理由は説明するまでもないだろう。武家からの資金援助が得られなかったからである。とはいえ、それは将軍義稙（当時は義尹《よしただ》という名前であったが、煩瑣になるので義稙で統一する）の姿勢が消極的だったからではない。永正七年（一五一〇）の三月、義稙から「後柏原天皇即位儀について取り計らいます」という提案が後柏原に申し入れられた。「結構なことです」と喜んだ三条西実隆の『実隆公記』によると、翌四月にも即位儀について、義稙が重ねて「後柏原天皇からの指示をいただきたい」と申し入れた。永正七年段階の義稙は即位儀の実現に前向きだった。

義稙の積極姿勢を受けて、後柏原即位儀は実現に向けて動き出し、五月一日には後柏原が三条西実隆に「即位儀に参加すべき人員について、かつて町広光が作成したリストをあらかじめチェックした上で提案してほしい」と指示を出し、実隆は同月一一日になって「後小松即位儀と後花園即位儀の参加者表（天皇自らのチェックあり）などをご参考に、天皇ご本人のご判断でお決めになるべきでしょう」と返答した。このまま後柏原即位儀は実現の運びとなるはずだった。

即位儀の行方

しかし将軍家を取り巻く軍事情勢がそれを許さなかった。当時の将軍家は、義稙を擁する勢力と義澄を擁する勢力が分裂し、いわゆる〝二つの将軍家〟と称される状態に陥っていた。そして、義稙が後柏原に即位儀実現を申し出た翌年の永正八年（一五一一）には船岡山《ふなおかやま》合戦が起きている。義稙がいったん義澄に敗れて京から退去するも、反撃して都に返り咲いた合戦である。義稙は勝つには勝った。しかし、それらの混乱や消耗により、即位儀どころではなくなった。即位儀実現の計画は立ち消えになってしまったらしく、永正一一年になって後柏原天皇は広橋守光《もりみつ》を通じて義稙に「即位儀について、今年こそは必ず実現させてほしい。まずは日程を決めて、その後のことはこまめに相談してほしい」と催促したが、義稙は「ないがしろにはしません。今年こそは」としか答えられなかった。

後柏原即位儀は「未完の聖堂」と呼ばれたサグラダファミリアのようになっていく。永正一七年（一五二〇）にも実現が取り沙汰される。七月一八日には「来月二七日に即位儀が実現するらしい」と色めき立ったが、同時に「あらかじめ納められていた武家訪《ぶけとぶらい》はすでに使い切られている。なんということだ……」とも心配されている。そして、案の定、八月になると「即位儀はまた延期になったらしい。理由は、足利義稙が夏服を新調できないからだという。また、予算の不足分三〇万疋のメドも立っていないとのこと。加えて、近年、細川高国《たかくに》（細川家の当主）が播磨国に軍勢を派遣しており、警固もままならない」ということで、義稙は後柏原に「とにもかくにも中止を」と申し入れ、後柏原は「世間体が悪いにも程がある」と感情を抑えきれなくなっていた。

着工から一三〇年を超えたサグラダファミリアはどうやら完成するようだが、後柏原の即位儀も大永元年（一五二一）に実現した。先帝の崩御から二一年の間、後柏原は「いつになったら自分の即位儀は実現するんだ?!」というストレスを抱え続けたに違いない。そして、即位儀実現で安心してしまったわけではないだろうが、その五年後の大永六年に崩御した。

武家からの資金援助がなければ即位儀さえ行えない。それが中世後期（室町期と戦国期）の天皇家であった。室町期の天皇家は、将軍家が儀礼的昵懇関係を必要とし、それを再生産する状況にあったゆえに、将軍家から資金援助を得られた。しかし、戦国期に至り将軍家が儀礼的昵懇関係を再生産するような情勢ではなくなると、天皇家は資金源を絶たれることとなった。後柏原天皇は、そのような状況下、乾いた雑巾《ぞうきん》の水分を絞るように、将軍家の財布から援助資金を引き出そうと必死にもがき続ける人生を送ったのである。

終章　中世の終焉

即位儀が遅れた背景

本書では、足利将軍家に〝おんぶに抱っこ〟となることで室町時代を生き抜いた天皇家の姿を見てきた。また第一章では鎌倉期においてすでに武家に依存していたことを論じた。中世を通じて天皇家は武家を頼り、そして武家はそれに曲がりなりにも応えてきたのである。ということは、足利将軍家以外の武士たちも同様の対応をとったのであろうか。本書の最後に、足利家窮乏後に、天皇家のパトロンたりえる存在となった武士たちの姿勢を眺めておきたい。

まず、明応二年（一四九三）のクーデター（明応の政変）で、キングメーカーとして実質的に足利将軍家の黒幕と化した細川政元《まさもと》を取り上げよう。政元は応仁の乱における東軍の主将として有名な細川勝元の子で、勝元の死により、わずか八歳で家督を継いだ。やがて長じると、河内出陣中の将軍義材《よしき》（のち義稙《よしたね》と改名）を追放し、義材の従弟にあたる清晃《せいこう》（のちの義澄）を還俗させて将軍に擁立した（五頁の系図を参照）。これが明応の政変である。そして幕府内に専制権力を樹立するも、永正四年（一五〇七）には近臣の内部対立により殺害されてしまった。後土御門天皇期終盤から後柏原天皇期序盤における幕政主導者であった。

その政元は天皇家に対して、どのような姿勢をとったか。これについては、すでに多くの論者が取り上げてきた著名なエピソードがある。政元が新将軍義澄を擁する体制の安定化を図っていた文亀年間（一五〇一〜〇四）、幕府には二つの課題があった。一つは後柏原天皇の即位儀の実現で、もう一つは義澄の参議中将任官である。天皇家と将軍家の儀礼的昵懇関係をベースとする室町期の体制を再生産するのであれば、この二つは必須事項であった。しかし、それに対して政元は、「参議中将に昇進してもしかたないですし、官位などに意味はないでしょう。朝廷におかれても、即位大礼の御儀など無益です。大がかりな儀礼を行ったところで実質がなければ意味はありません」と言い切っている。政元は天皇や朝廷儀礼（により維持される将軍権威）の価値を認めず、室町期の儀礼的昵懇関係を全否定していた。後土御門や後柏原が苦労した要因は、当時の幕政主導者が政元であったという巡り合わせにもあった。

後奈良天皇の即位

では、政元のような考え方は時代の趨勢だったのだろうか。それとも政元が異端児だったということなのか。その後の有力武士たちを見ていこう。ここで取り上げるのは戦国初期に活躍した有力武将の大内義隆《よしたか》（周防《すおう》・長門《ながと》を本拠とする中国地方の大大名）である。後柏原の次の天皇である後奈良も即位儀の挙行に苦労したのだが、それを実現させた功労者が大内義隆であった。

天文四年（一五三五）の正月三日、後奈良天皇は自身の日記に「昨年末、大内義隆が私の即位費用として二〇万疋を献納してきたとの報告があった。その際、日程を確認したところ、五日が吉日だというので、その日に伝奏に来るよう指示を出した」と記した。そして、その年の六月には即位儀の準備の一環として内裏日華門《にっかもん》の修理が始まり、手斧始《ちょうなはじめ》が行われた。手斧始とは大工が新たな建築にとりかかった最初の日に行う儀式である。後奈良の即位儀は、大内氏が資金援助を申し出たことにより実現の緒に就いたのである。

大内義隆は、同年九月三日にはさらに莫大な資金を献納しただけでなく、毎年の挨拶という名目で太刀と、さらに三千疋を納めている。こうして後奈良の即位儀は大内氏の財力により翌天文五年（一五三六）二月につつがなく実現した。「武家の財力が天皇家を支える」という構造は将軍家衰微後も不変だったのである。細川政元のような考え方は武家社会において少数派だったと思われる。もちろん、大内義隆のように惜しみなく資金を援助するというのも珍しい。多くの武士は戦国期の足利将軍のように「天皇家のことを大切にしたいのは山々ですが、現実的にはそうもいきません」といったところだったであろう。戦国期には、天皇家のことを大切にする武士と、そこに最低限以上の労力は割こうとしない武士がいた。もちろん、その二類型は時代を通じて存在したのであろうが、戦国末期、この二つの考え方の齟齬が大きく政局に影響した事例があるので紹介しておこう。

織田信長と足利義昭

本書最後の事例として取り上げるのは織田信長《おだのぶなが》で、厳密には織田信長と足利義昭《よしあき》(一五代将軍)である。信長といえば、かつては「革命児」「天下取りの野望の持ち主」といったイメージで語られることが多く、そのような先入観を持つと、社会的慣習や礼節を軽視していたように思われるかもしれない。しかし、ここ二〇年ほどの研究の進展により、そのような信長像は抜本的に改められつつある。信長の言動のほとんどは、当時の天下秩序に基づいたものであったことが明らかにされている。だからこそわずか数年とはいえ「天下人」として君臨できたのであり、既存の権威の破壊者ではなかったというのが信長に対する近年の評価である。

そのような信長像の変化を踏まえて天皇家への姿勢を考えると、元亀《げんき》三年（一五七二）九月に信長が将軍義昭に対して突きつけた一七ヶ条の意見書が注目される。内容としては将軍としての義昭の怠慢ぶりや勝手な行動を非難したものであるが、そのポイントは第一条にある。そこには、「朝廷の世話について、義輝《よしてる》様（義昭の兄で一三代将軍）は疎かにした。そうならないよう上洛してきた頃から義昭様には注意してきたにもかかわらず、全くそうしていない。今後は態度を改めて天皇家や朝廷にお尽くしください」と記されている。ここからわかるのは、義昭が足利将軍家家長であるにもかかわらず、儀礼的昵懇関係に基づく将軍家伝統の行動様式を軽視していたという事実である。つまり、義昭は天皇家を軽視しており、〝「王家」の執事〟からは程遠い存在だったのである。

それに対して信長は、義昭にそれまでの足利将軍と同じように天皇家との儀礼的昵懇関係を維持し、〝「王家」の執事〟として振る舞うよう要求した。信長は、天皇家との関係を大切にする伝統的な考え方の武士だったのである。このことが意味するのは、鎌倉幕府から信長に至るまで、中世における武家政権は一貫して天皇家を支えることを自らの役割の一部とみなしてきたということである。

それを最も極端なかたちで表現していたのが、天皇家と儀礼的昵懇関係を構築し、〝「王家」の執事〟として振る舞った足利将軍家ということができるだろう。もちろん、その背景には、天皇家を支えることが他の武家勢力との差別化に繋がる、すなわち「唯一の国家的武家政権」との社会的認知を獲得できるというメリットがあった。視点を天皇家に移すと、中世の天皇家は、自分たちを担ぐことが相手にとって唯一無二のメリットになるという立場を最大限に利用しながら、相手を変え品を変えてその時々の武家たちをパトロン化することに成功し、首尾よく中世という時代を生き抜いたといえるのである。

あとがき

「はじめに」で述べたように、本書の目的は「中世天皇家の生命力を描写」することにあった。この場合の「中世天皇家」とは大覚寺統・南朝に対する持明院統・北朝天皇家のことであるが、その答えは伝わっただろうか。簡単にいうと、「理想を追うのではなく現実を受け入れ、そのなかで自分の価値を最大限に生かす」という姿勢こそ、北朝天皇家の生命力であったと思われる。ごく当たり前のことをしていただけと思われるかもしれないが、恥もてらいもなく、振り切って現実に自己を合わせ続けたところに、北朝天皇家が有した唯一無二の特殊性があるのかもしれない。

対する南朝、あるいは後醍醐天皇は、自己を現実に合わせるのではなく、理想を標榜《ひょうぼう》し、そこに現実を合わせようとした。北朝と南朝のコントラストとは、現実を甘受するか、理想を重視するかの違いであり、当然、理想を重視した南朝の方が人気はある。しかし、「自分を変えることはできるが、相手を変えることはできない」という処世訓ではないが、自己の理想に向けて現実を変えるというのは、なかなか難しい。それゆえ、南朝は歴史の表舞台から去ったということなのだろう。

少し表現を換えるなら、現実重視の北朝は「クロ以外はクロでない」という価値観にあり、理念重視の南朝は「シロ以外はシロでない」という価値観であったということになろうか。シロとクロの間に無限に広がるグレーの部分を是とするか非とするかの評価の違いがあったといえそうである。そして、この二つの価値基準は、古今東西、あらゆる社会でせめぎ合っているのだと思う。それは現代日本でも同じで、大雑把に言えば、学校教育は「シロ以外はシロでない」という価値観でできていて、その一方で社会において身につけなければならないのは「クロ以外はクロでない（一歩でもクロに踏み込んでは絶対にダメだが、グレーとは臨機応変に向き合わなければならない）」という考え方なのだと思う（世のフレッシュマンたちはこの切り換えに、ときどき苦労する）。

個人的体験談だが、筆者は昭和五一年（一九七六）に生まれたので、昭和の香りをなんとなく肌で覚えている。脳内補正がかかっているかもしれないが、その頃は現在に比べて、ずいぶんと「クロ以外はクロでない」という価値観が幅を利かせていたような気もする。おそらく、生きていくだけで精一杯だった終戦直後などは、「シロ以外はシロでない」などと理想を追求している場合ではなかっただろうから、もっと社会全体が「クロ以外はクロでない」であったのだろう。そう考えると、豊かさとともに「シロ以外はシロでない」という価値観の比重も大きくなっていくと言うこともできようか。

なるほど、確かに、昭和から平成、平成から令和と時代が進むにつれて、「シロ以外はシロでない」という価値観重視に日本社会は進んでいるようにも思われる。興行の世界の有り様などを見ていると、平成の三〇年間とは、グレーのうち、「クロ寄りのグレー」が排除される過程だったような気もする。そして、「不謹慎狩り」に代表されるインターネット上の状況を眺めていると、令和という時代は「シロ寄りのグレー」も許されなくなっていくのかもしれない。

そのような変化が「人類の進歩」なのか、「文明のなれの果て」なのかはわからないが、個人的には、少しずつしんどくなってきているとの感覚がある。

というのも、筆者は「悪ノリ」や「悪ふざけ」をこよなく愛している。決して振り切って「クロ以外はクロでない」という生き方をしているつもりはないが、少なくとも「シロ以外はシロでない」というタイプでないことは間違いない。そういう部分では後醍醐天皇よりも北朝天皇家との相性の方が良いのかもしれない。そう感じるのは、他にも理由があって、そもそも筆者がなぜ室町時代の天皇家（厳密には公武関係）を研究テーマとしたかという話に繫がる。

日本中世史の論文を作成するにあたって、最も重要なのは、「史料がたくさんある」、「手頃な先行研究（批判対象）がある」という二条件を満たしていることであり、期限が区切られる卒業論文や修士論文だと、特に切実である。筆者の場合、卒論は中世の雅楽をテーマにした（理由はよく覚えていない。なんとなくである）。そして、修士課程進学後も、引き続き雅楽関係の史料を集めていたところ、結果的に右の二条件を満たしていたのが雅楽を通じて中世後期公武関係を論じることだったのである。つまり、何か明確な問題関心（＝理想）があったからではなく、史料を集めてみた結果（＝現実）により、たまたま北朝天皇家との付き合いが始まったといえる。与えられた現実（＝史料や先行研究の状況）を受け入れ、そのなかで自分の価値を最大限に生かす（最も良い修論を書く）を目指したという意味では、北朝天皇家との相性は悪くなかったと実感する次第である。残念ながら修論で「自分の価値を最大限に生かす」に成功したとは、到底言い難いのだが、めぐりめぐって、こうやって新書を出させてもらっているのだから、修論時点での与えられた現実に筆者は恵まれていた。

話は明後日《あさって》の方向に飛んでしまったが、いずれにせよ、中世というのは、現代に比べてはるかに「クロ以外はクロでない」という価値観にあふれていて、北朝天皇家は、そういう社会のあり方の象徴だったのだろうと思う。本書からその具体像が少しでも伝われば、書き手冥利《みょうり》に尽きる。

本書は筆者にとって三冊目の単著となる。一冊目は学術書（論文集）であったので、編集者には、主に出版助成金申請に関わる書類作りなどに奔走していただいた。二冊目は一般向けの選書であったが、草稿ができたあとは、ほぼ「あとはよろしく」と「わかりました」のやりとりだけであった。もちろん、普通、こんなことはありえないと思う。このときの編集者がもともとは研究者仲間であり、気心知れた間柄にあったから発生した、極めてレアなケースだろう。そして、今回は並木光晴さんにご担当いただいた。並木さんには、研究者コミュニティの外の読者に読んでもらうためのノウハウを余すことなく伝えていただいた。研究者にとって重要なことと、読者にとって必要なことには、どうしても齟齬がある。研究論文だけを書いていても、そこの齟齬に気づかないし、嚙み合わせるための工夫を考えようとすることもない。そこの部分のフォローで大変にお世話になった。三者三様、編集者というのは研究者にとって、常にありがたい存在である。やはり、筆者は与えられた現実に恵まれているのだろう。

二〇二〇年五月

全世界的な外出自粛状況により執筆に専念せざるをえない自宅にて

著　者

参考文献一覧

序章　戦国時代の天皇即位儀と将軍

末柄豊「足利義稙の源氏長者就任」（『日本歴史』七四八、二〇一〇年）

第一章　分裂する皇統

歴史科学評議会編『天皇・天皇制をよむ』（東京大学出版会、二〇〇八年）
佐々木恵介『天皇の歴史3　天皇と摂政・関白』（講談社、二〇一一年）
上横手雅敬他『日本の中世8　院政と平氏、鎌倉政権』（中央公論新社、二〇〇二年）
本郷恵子『日本の歴史6　京・鎌倉ふたつの王権』（小学館、二〇〇八年）
森茂暁『南朝全史』（講談社、二〇〇五年）
豊永聡美『中世の天皇と音楽』（吉川弘文館、二〇〇六年）
本郷和人「西園寺氏再考」（『日本歴史』六三四、二〇〇一年）
近藤成一編『日本の時代史9　モンゴルの襲来』（吉川弘文館、二〇〇三年）
筧雅博『日本の歴史10　蒙古襲来と徳政令』（講談社、二〇〇一年）
森茂暁『増補改訂　南北朝期公武関係史の研究』（二〇〇八、思文閣出版）
村井章介『日本の中世10　分裂する王権と社会』（中央公論新社、二〇〇三年）

第二章　天皇家と足利将軍家の邂逅

小林一岳『日本中世の歴史4　元寇と南北朝の動乱』（吉川弘文館、二〇〇九年）
川合康「武家の天皇観」（『鎌倉幕府成立史の研究』校倉書房、二〇〇四年、初出一九九五年）
安田次郎『日本の歴史7　走る悪党、蜂起する土民』（小学館、二〇〇八年）
榎原雅治編『日本の時代史11　一揆の時代』（吉川弘文館、二〇〇三年）
森茂暁『戦争の日本史8　南北朝の動乱』（吉川弘文館、二〇〇七年）
横井清『室町時代の一皇族の生涯』（講談社、二〇〇二年、初出は一九七九年）
飯倉晴武『地獄を二度も見た天皇　光厳院』（吉川弘文館、二〇〇二年）
家永遵嗣「光厳上皇の皇位継承戦略と室町幕府」（桃崎有一郎・山田邦和編『室町政権の首府構想と京都』文理閣、二〇一六年）
森茂暁『戦争の日本史8　南北朝の動乱』（小学館、二〇〇七年）
安田次郎『日本の歴史7　走る悪党、蜂起する土民』（小学館、二〇〇八年）
羽下徳彦「観応擾乱」（『中世日本の政治と史料』吉川弘文館、一九九五年、初出一九九二年）

第三章　後光厳院流と崇光院流

松永和浩『室町期公武関係と南北朝内乱』（吉川弘文館、二〇一三年）
山田徹「土岐頼康と応安の政変」（『日本歴史』七六九、二〇一二年）
今谷明『室町の王権』（中央公論社、一九九〇年）
桜井英治「足利義満と中世の経済」（『ZEAMI』四、二〇〇七年）
拙著『室町時代の将軍家と天皇家』（勉誠出版、二〇一五年）
拙著『足利将軍と室町幕府』（戎光祥出版、二〇一八年）

第四章　天皇家を支える将軍たち

桜井英治『日本の歴史12　室町人の精神』（講談社、二〇〇一年）
横井清『室町時代の一皇族の生涯』（講談社、二〇〇二年、初出は一九七九年）
森茂暁『満済』（ミネルヴァ書房、二〇〇四年）
拙著『室町時代の将軍家と天皇家』（勉誠出版、二〇一五年）
拙著『足利将軍と室町幕府』（戎光祥出版、二〇一八年）

第五章　儀礼的昵懇関係とその裏側

久水俊和「天皇家の追善仏事と皇統意識」（『国史学』二一七、二〇一五年）
久水俊和「中近世移行期から近世初期における天皇家葬礼の変遷」（『立正史学』一一六、二〇一六年）
横井清『室町時代の一皇族の生涯』（講談社、二〇〇二年、初出は一九七九年）
丸山裕之『図説　室町幕府』（戎光祥出版、二〇一八年）
拙著『室町時代の将軍家と天皇家』（勉誠出版、二〇一五年）
拙著『足利将軍と室町幕府』（戎光祥出版、二〇一八年）

第六章　生き残る天皇家

川上貢『新訂　日本中世住宅の研究』（中央公論美術出版、二〇〇二年）
有光友學編『日本の時代史12　戦国の地域国家』（吉川弘文館、二〇〇三年）
榎原雅治『日本中世史3　室町幕府と地方の社会』（岩波書店、二〇一六年）
拙著『室町時代の将軍家と天皇家』（勉誠出版、二〇一五年）
拙著『足利将軍と室町幕府』（戎光祥出版、二〇一八年）

終　章　中世の終焉

福島克彦『戦争の日本史11　畿内近国の戦国合戦』（吉川弘文館、二〇〇九年）
今谷明『戦国大名と天皇』（福武書店、一九九二年）
神田千里『織田信長』（筑摩書房、二〇一四年）
谷口克広『戦争の日本史13　信長の天下布武への道』（吉川弘文館、二〇〇六年）

石原比伊呂（いしはら・ひいろ）

1976年（昭和51年），三重県に生まれる．東京都立大学人文学部卒業．青山学院大学大学院博士課程修了．博士（歴史学・青山学院大学）．現在，聖心女子大学現代教養学部准教授．専門は日本中世史（中世後期公武関係論）．

著書『室町時代の将軍家と天皇家』（勉誠出版）

『十四世紀の歴史学』

（分担執筆，中島圭一編，高志書院）

『室町幕府将軍列伝』

（分担執筆，榎原雅治・清水克行編，戎光祥出版）

『足利将軍と室町幕府』（戎光祥出版）

『画期としての室町』

（分担執筆，前田雅之編，勉誠出版）

『室町・戦国天皇列伝』

（久水俊和との共編，戎光祥出版）

ほか

北朝《ほくちょう》の天皇《てんのう》
中公新書 *2601*

2020年 7 月25日初版
2020年10月10日 4 版

著　者　石原比伊呂
発行者　松 田 陽 三

本 文 印 刷　三 晃 印 刷
カバー印刷　大熊整美堂
製　　　本　小 泉 製 本

発行所　中央公論新社
〒100-8152
東京都千代田区大手町 1-7-1
電話　販売 03-5299-1730
　　　編集 03-5299-1830
URL http://www.chuko.co.jp/

Published by CHUOKORON-SHINSHA, INC.
Printed in Japan　ISBN978-4-12-102601-9 C1221